Reise durch

INDIEN

Bilder von

Thomas Dix und Andreas Köber

Texte von

Walter Herdrich

Stürtz

Haldiram's
FREE
COOK 'N SERVE CASSEROLE
Godrej
REFRIGERATORS
LARGER THAN LIFE
LIVE
STADIUM
TITAN
TIMEX
FORWARD WATCH CO.
SAREES
BPL

POONAM
SAREES
Saree Kendra
सिन्दूर
SALE
CHHABRA
SILK EMPORIUM
KATRA PYARELAL
CH. CHOWK
Dr. GOELA'S
GHANTE WALA
HALWAI
snowhite
drycleaners
Bhandar
हीरो फार्मेसी
MUSHAIRA
CHANDNI CHOWK
23-2-96

INHALT

Erste Seite:
Aus den Erkern des »Palasts der Winde« (Hawa Mahal) in Jaipur konnten die Haremsdamen ungesehen die großen Festumzüge beobachten.

Vorherige Seite:
Der Chandni Chowk, die Hauptschlagader von Old Delhi.

Unten:
Zu den fünf Glaubenssymbolen gläubiger Sikhs gehört das unbeschnittene Haar, das unter einem Turban aufgesteckt wird.

Seite 10/11:
Am Weg von Jaipur nach Amber spiegelt sich der Wasserpalast Jal Mahal in einem künstlichen See.

INDIEN – DAS LAND

Indien – wohl kaum ein anderes Land der Erde vermittelt eine solche Fülle faszinierender Eindrücke, farbenprächtiger Bilder und widersprüchlicher Erfahrungen. Denn kaum ein zweites Land ist in einem solchen Maße von geographischen Extremen, unterschiedlichsten Religionen, Sprachen und radikal aufeinander prallenden sozialen und kulturellen Gegensätzen geprägt. Es ist unmöglich, den riesigen Subkontinent von den eisbedeckten Gipfeln des Himalaya und Halbwüsten Rajasthans bis zu den Dschungeln und Palmenstränden Südindiens auf einen Nenner zu bringen; seinem Zauber entgeht aber beinahe niemand, der das Land je bereist hat.

Da ist zum einen das Bild des klassischen Indien der Hindutempel und der buddhistischen Höhlenarchitektur, der Paläste der Maharajas und der zinnengekrönten Festungen der Großmoguln. In unmittelbarem Kontrast dazu steht das Bild bitterer Armut, riesiger Slums, der Unterernährung und schrecklicher Krankheiten.

Daneben ist Indien – nicht erst seit der Hippiebewegung der 60er-Jahre – zum Hort spiritualistischer Heilserwartungen avanciert. Und schließlich gibt es noch unübersehbar das Schwellenland Indien, eine aufstrebende Industrienation mit einer sich stürmisch entwickelnden Atom-, Raumfahrt- und Computertechnologie.

LEBEN IM RHYTHMUS DER MONSUNE

Allein die Dimensionen des Landes sind atemberaubend. Mit einer Ausdehnung von rund 3,3 Millionen Quadratkilometern ist die Indische Union so groß wie sämtliche 15 Mitgliedstaaten der Europäischen Union zusammengenommen. Entlang der Gebirgsketten der Himalayas erstreckt sich das Staatsgebiet, von Pakistan im Westen bis Myanmar im Osten, über 3000 Kilometer. Von der Nordgrenze zu China und Nepal bis Kap Comorin an der Südspitze des Subkontinents sind es 3200 Kilometer.

DER HUNDERT VÖLKER

Rana Dungar Singh errichtete im 13. Jahrhundert die gewaltige Bergfestung von Dungarpur im Süden Rajasthans. Der kriegerische Rajputenfürst ließ den »Alten Palast«, Juna Mahal, mit lebensfrohen Bildern, Fresken und kostbaren Wandverkleidungen ausschmücken.

Erdgeschichtlich ist er ein Bruchstück des Urkontinents Gondwana, der vor rund 150 Millionen Jahren gegen die asiatische Landmasse driftete. Die gewaltigen Kräfte im Erdinneren sind noch immer am Werk und schieben die Gipfel bis heute Zentimeter um Zentimeter in die Höhe. Klimatisch bildet der Himalaya eine gewaltige Wetterscheide zwischen der heißen Monsunzone des indischen Subkontinents und den trockenen und kalten Steppen des tibetischen Hochlands.

Zu Beginn der sommerlichen Regenzeit, die normalerweise von Anfang Juni bis September dauert, erwarten Millionen von Indern sehnsüchtig das lang ersehnte Nass. Wenn die dunklen Wolken die Küste erreichen und wahre Sturzbäche vom Himmel niederprasseln, versammeln sich Zehntausende an den Stränden und auf den Straßen, um im strömenden Regen zu tanzen und zu feiern.

Im Nordosten Indiens, in den Bundesstaaten Meghalaya, Assam und Arunachal Pradesh, prallt ab Oktober der Südostmonsun mit fast unverminderter Kraft auf Gebirgsketten mit einer üppigen Vegetation. Das nur wenige Meter über dem Meeresspiegel liegende Küstenschwemmland von Orissa und Westbengalen mit seinen mangrovengesäumten Flussarmen, Kokospalmen und Reisfeldern war seit Menschengedenken immer wieder Schauplatz gewaltiger Überschwemmungskatastrophen durch tropische Wirbelstürme.

DER VIELVÖLKERSTAAT INDIEN

Nicht nur die riesigen Entfernungen sind eine Herausforderung für den noch jungen Staat. Auf seinem Gebiet drängen sich fast dreimal so viele Menschen wie in Mitteleuropa. Nach der amtlichen Statistik hat die Bevölkerungszahl Indiens im Jahr 2000 die Milliardengrenze überschritten.

Die anhaltende Landflucht führt zum ungebremsten und unkontrollierten Wachstum der Städte. Allein im Ballungsraum Bombay (Mumbai) leben nach vorsichtigen Schätzungen 15 Millionen Menschen, in Calcutta rund 11 Millionen und in der Hauptstadt Delhi rund 9 Millionen. Die ersten Eindrücke, die der ausländische Besucher auf dem Weg vom Flughafen zum Hotel empfängt, sind wahrhaft betäubend. Im Auspuffqualm von »Phut-Phuts«, wie die ungezählten Motor-Rikshas genannt werden, und altersschwacher Autobusse, zwischen Sturzbächen von Menschen, im Taumel der Farben, Gerüche und Geräusche kann einem buchstäblich Hören und Sehen vergehen. Wo immer sich Platz findet, wuchern zwischen Hitze, Staub und Abgasen behelfsmäßige Hütten und Unterkünfte aus Plastikfolien, Pappkartons und Wellblech, riesige Slums, die in der Zeit des Monsuns im Schlamm versinken. Trotz seiner gewaltigen Städte leben aber rund 75 Prozent der Bevölkerung in einem der 596 000 Dörfer, in denen die lokalen Traditionen und jahrhundertealten Gebräuche noch immer stärker sind als die Gesetze der fernen Hauptstadt Delhi.

Die Spannweite unterschiedlicher Lebensbedingungen in Stadt und Land wird noch übertroffen von der ethnischen und sprachlichen Vielgestaltigkeit der indischen Bevölkerung. Das Land zerfällt in zahlreiche Sprachgebiete, wobei die heutigen Grenzen der Bundesstaaten häufig nach den Verbreitungsgebieten der 16 einheimischen Amtssprachen gezogen wurden. Im Norden dominieren vor allem Zweige der großen indo-europäischen Sprachfamilie, darunter das am meisten verbreitete Hindi, das von etwa 20 Prozent der indischen Gesamtbevölkerung gesprochen wird. Die Sprachen des Südens, wie etwa Tamil, sind drawidischen Ursprungs. Daneben gibt es über ganz Indien verstreut Hunderte von ethnischen Minderheiten, die in Bergregionen und Waldgebieten abseits der intensiv genutzten Kulturzonen als Nomaden, Jäger und Sammler leben.

Englisch, die führende Amtssprache, ist in Rechtssprechung, Verwaltung und Wirtschaft mehr denn je auf dem Vormarsch. Besonders für die Gebildeten ist die Sprache der ehemaligen Kolonialmacht zum unverzichtbaren Kommunikationsmittel und zur Eintrittskarte für alle höheren Positionen im Berufsleben geworden. Trotz der Einführung der allgemeinen Schulpflicht beträgt jedoch die Analphabetenrate im Landesdurch-

Der Palast von Leh aus dem 16. Jahrhundert erinnert nicht von ungefähr an den Potala-Palast in der tibetischen Hauptstadt Lhasa. Während die islamischen Invasoren an den Gebirgsketten Ladakhs scheiterten, vertiefte sich durch den Zuzug des Gelbmützenordens im 14. Jahrhundert der buddhistische Einfluss. Damit wurde der theokratische Staat des Dalai Lama zum religiösen und kulturellen Vorbild.

schnitt noch immer fast 50 Prozent. In ländlichen und rückständigen Gegenden endet der Schulbesuch vor allem der Kinder aus den ärmeren Schichten meist schon nach wenigen Grundschulklassen. Besonders betroffen sind Mädchen. Kinderarbeit ist trotz gesetzlicher Verbote noch immer weit verbreitet.

SCHMELZTIEGEL DER RELIGIONEN

Die fruchtbaren Ebenen des Ganges waren vor mehr als 2000 Jahren die Geburtsstätte zweier Weltreligionen, des Hinduismus und des Buddhismus. Der Buddhismus, der einst von Indien aus seinen Siegeszug durch Ostasien antrat, ist noch in einigen Himalaya-Regionen, vor allem im Ladakh und in Sikkim mit ihrer vorwiegend tibetisch geprägten Bevölkerung, lebendig.

Der Begriff Hinduismus bezeichnet ein Sammelbecken sehr unterschiedlicher religiöser Strömungen und Kulte, die so vielfältig und formenreich sind wie das Pantheon seiner Gottheiten. Es gab und gibt bis heute weder eine gemeinsame Moral noch Ethik und schon gar kein allgemein anerkanntes Dogma oder eine übergeordnete Instanz, die in religiösen Fragen Autorität ausübt. Ausschlaggebend für die religiösen Überlieferungen und Riten unterschiedlicher sozialer Gruppen sind vielmehr die jeweiligen lokalen Gottheiten, Kulte, Feste, Wallfahrtsorte und Brahmanenkreise.

Gemeinsam ist allen auf dem Boden Indiens entstandenen Religionen – Hinduismus, Buddhismus und Jainismus – die Überzeugung, dass alle Menschen eine Reihe von Wiedergeburten durchwandern müssen, ehe sie zur endgültigen Erlösung (Moksha) aus dem Kreislauf des Lebens finden. Schicksalsbestimmend für die gegenwärtige Daseinsform und zukünftige Geburten ist das »Karma«, die Summe und Folge aus guten und bösen Taten in früheren Existenzen. Als Pfad zur Erlösung gilt für gläubige Hindus

Mit zwei 40 Meter hohen Minaretten erhebt sich die große Freitagsmoschee, Jami Masjid, weithin sichtbar über das Labyrinth der Basare von Old Delhi. Mogul Shah Jahan ließ diese größte Moschee Indiens in den Jahren 1644-58 errichten. Durch das Nordtor gelangt man in den riesigen Innenhof, der mehr als 20 000 Gläubigen Platz bietet.

die Befolgung ihres »Dharma«, der Einordnung der individuellen Lebensführung in die vorgegebenen rituellen Pflichten, sozialen Regeln und ethischen Normen in Familie, Kaste und Gesellschaft. Damit erleichtert die hinduistische Kultur die Bürde persönlicher Schuld und Verantwortung und erschwert zugleich die Emanzipation von traditionellen Verhaltensformen.

Auch das Vordringen des Islam durch persische, afghanische und mongolische Eroberer hat seit dem 12. Jahrhundert die Kultur des Subkontinents nachhaltig geprägt und neben Zeiten eines friedlichen Nebeneinanders immer wieder zu heftigen Spannungen und gewaltsamen Auseinandersetzungen geführt. Man vergisst leicht, dass die Indische Union – selbst nach der Teilung der ehemaligen britischen Kronkolonie in Indien und Pakistan im Jahr 1947 – noch immer die Heimat von mehr als 100 Millionen Muslimen ist. Einflussreiche religiöse Minderheiten sind in einigen Regionen auch Sikhs, Jainisten, Christen und Parsen.

In wohl keinem anderen Land der Erde ist die Religiosität so allgegenwärtig. Götterbilder prangen an Autobussen und Rikshas; an Hauswänden und in Mauernischen ranken sich glitzernde Girlanden aus buntem Flitter um Glück verheißende Symbole und billige Farbdrucke; für die Ärmsten genügen oft auch das Silberpapier aus achtlos weggeworfenen Zigarettenschachteln oder eine Fingerzeichnung mit Farbe. Frei herumlaufende Kühe, die dem Hindu heilig sind, gehören selbst im dichtesten Verkehrsgetöse der Millionenstädte zum vertrauten Straßenbild, wo sie unbeeindruckt von Abgasen und qualmenden Autobussen ihre meist karge Nahrung aus Pappkartons und weggeworfenen Resten wiederkäuen. Sie sind entgegen dem äußeren Anschein jedoch fast nie herrenlos und werden von ihren Besitzern regelmäßig gemolken und gefüttert. Die Verehrung, die ihnen entgegengebracht wird, hält sich allerdings in Grenzen, im Zweifel sorgen Steinwürfe oder Stockhiebe dafür, dass sie nicht das fressen, was gut und teuer ist.

KASTEN UND SOZIALE GEGENSÄTZE

In den Städten prallen die unterschiedlichen Lebenswelten und Entwicklungsstufen Indiens unvermittelt aufeinander. Das gewachsene Selbstbewusstsein aller bisher unterdrückten Minderheiten drängt nach politischer Anerkennung und sozialen Veränderungen. Was Gesetze und staatliche Programme allein nicht bewirken, setzt sich Schritt für Schritt im Gefolge der wirtschaftlichen Entwicklung als neuer Lebensstil durch. Neu entstehende Berufsbilder, Leistungsorientierung und Wettbewerb führen schleichend zur Auflösung der traditionellen Identität über die scheinbar unüberwindlichen Kastengrenzen hinweg. Nach der indischen Verfassung wurden die Kasten längst abgeschafft, dem Gesetz nach sind alle Inder gleich. Staatliche Gleichstellungsprogramme, die im fernen Delhi erdacht worden sind, finden aber in den Dörfern kaum Beachtung. In ländlichen Regionen, etwa in Tamil Nadu, dürfen Unberührbare noch immer nicht den Dorfbrunnen benutzen, in abgelegenen Dörfern Rajasthans kann es einem immer noch passieren, dass man auf Kinder trifft, die ein Glöckchen um den Hals tragen, um Angehörige höherer Kasten vor einer Berührung zu warnen. Selbst in den Städten bildet die Kastenzugehörigkeit noch immer ein filigranes Netzwerk sozialer Schranken, am deutlichsten sichtbar noch bei der Heirat. Ehen zwischen Angehörigen verschiedener Kasten sind noch immer eine große Ausnahme. Mit zunehmendem Bildungsgrad und Einkommen wächst jedoch besonders in den urbanen Oberschichten die Bereitschaft, sich über traditionelle Gräben hinwegzusetzen.

FRÜHE HOCHKULTUREN

Seit dem Altertum war der Subkontinent Ort der Begegnung zwischen der antiken Welt des Mittelmeerraums, der mittelalterlichen islamischen Kultur des Vorderen Orients und den geheimnisvollen Ländern des Fernen Ostens. Zahllose fremde Eroberer, Händler und Seefahrer haben die indische Kultur mitgeprägt und neue Synthesen geschaffen. In einzigartiger Weise hat es Indien im Lauf seiner Geschichte verstanden, sich das ursprünglich Fremde zu Eigen zu machen und dabei das zu bleiben, was es immer schon war.

Schon im 3. Jahrtausend v. Chr. entstand an den fruchtbaren Ufern des Indus eine der ältesten Hochkulturen der Geschichte. Seit dem 2. Jahrtausend drangen indo-arische Nomaden mit ihren Streitwagen aus Nordwesten in den Subkontinent ein und etablierten sich neben der dunkelhäutigen einheimischen Bevölkerung als neue Oberschicht.

Bis etwa 500 v. Chr. hatten sich in den Ebenen Nordindiens sechzehn deutlich ausgeprägte Staatswesen entwickelt, die »Mahajanapadas«. Auf dem Fundament der vedischen Religion begann sich der brahmanische Hinduismus herauszuformen. Als Alternative formulierten im Herzen der Gangesebene der Königssohn Buddha und Mahavira, der Begründer des Jainismus, Ende des 6. Jahrhunderts v. Chr. ihre neuen Lehren. Im 3. Jahrhundert v. Chr. konvertierte Ashoka, der Herrscher des mächtigen Königreichs der Maurya öffentlich zum Buddhismus. Mit zahlreichen Inschriften auf Säulen und Felswänden in ganz Indien rief er zum Frieden auf, propagierte die buddhistischen Morallehren des »Dhamma«und verbot die vedischen Tieropfer.

Im 4. Jahrhundert errichtete die einheimische Dynastie der Guptas, auf ihre Hauptstadt Pataliputra gestützt, ein neues Großreich. Die Periode ihrer Herrschaft gilt als das »klassische« oder epische Zeitalter der indischen Geschichte. Die Verehrung der brahmanischen Götter in den hinduistischen Tempeln setzte sich gegen den bis dahin vorherrschenden Buddhismus durch.

Die bedeutendsten Schriften des brahmanisch-hinduistischen Götterglaubens sind bis heute der »Ramayana«, ein Versgedicht über Rama, den mythischen König von Ayodhya, und das umfangreiche Epos »Mahabharata«, das unter anderem den Bruderkampf zwischen den Nachkommen des Königs Bharata um die Vorherrschaft über die Welt schildert. Das Letztere enthielt den »Bhagavadgita«, der die Theologie der Hingabe zu Gott, »Bhakti«, entwickelte. In den Göttererzählungen der »Puranas« fanden die mittelalterlichen Herrscher uralte Stammbäume, die ihre Verwandtschaft mit den Göttern belegten. In Hunderten von Tempeln, die mit reichem Landbesitz ausgestattet waren, wurden nun hinduistische Götterbilder wie Könige umsorgt und verstärkten die Ideologie der Souveränität und Verehrung, die für die Autorität der Herrscher unerlässlich war.

Anjuna in der ehemaligen portugiesischen Enklave Goa ist nicht nur für seinen palmengesäumten Sandstrand berühmt geworden. Jeden Mittwoch findet dort ein Flohmarkt statt, auf dem sich tibetische Händler, farbenprächtig gekleidete Marktfrauen, hängen gebliebene Hippies und auch sonst noch so ziemlich alles ein Stelldichein gibt, was man auf dem indischen Subkontinent antreffen kann.

DIE MACHT DES ISLAM

Seit Anfang des 11. Jahrhunderts begannen muslimische Herrscher aus Zentralasien und Afghanistan, ihren Machtbereich nach Nordindien auszudehnen. Im Jahr 1206 errichtete Qutbuddin Aibak, ein General, der aus dem Sklavenstand aufgestiegen war, das Sultanat von Delhi. Nachdem Delhi im Jahr 1398 bei der Invasion Timurs dem Erdboden gleich gemacht worden war, fiel die einstige Macht des Sultanats in sich zusammen.

In den 1520er-Jahren drang Babur, der Dschingis Chan und Timur zu seinen Vorfahren zählte, aus Afghanistan in Nordindien ein. Sein Sieg über den Sultan Ibrahim Lodi im Jahr 1526 bei Panipat ebnete den Weg für die Gründung des Mogulreichs, die sein Enkel Akbar (1556–1605) glänzend vollendete. Unter dem Schirm seiner Herrschaft wurden die Grundlagen für eine beispiellose Synthese persischer und indischer Kulturformen gelegt. Es entstand ein besonderer Mogulstil in der Miniaturmalerei, der Elemente der Malschulen der persischen Safawiden und der hinduistischen Rajputen miteinander verband.

Eine Folge der muslimischen Eroberungen war, dass eine große Zahl von Gelehrten, Dichtern und Künstlern, oft entwurzelt durch die Verwüstungen der Mongolen, nach Indien kam. Persisch wurde zur führenden Sprache in Dichtung und Verwaltung. Kuppeln und Rundbögen wurden zu Grundelementen der indischen Architektur.

Zwischen Hinduismus und Islam gab es einen regen geistigen Austausch, vor allem auf dem Gebiet der Mystik. Es traten Lehrer auf, die aus beiden Glaubenstraditionen schöpften, etwa Nanak (1469–1539), der Begründer des Sikhismus. Im 18. Jahrhundert zerbrach das Mogulreich an seinen inneren Spannungen. Die ehemaligen Reichsprovinzen Oudh, Bengalen und Hyderabad erkann-

Eine 38 Meter hohe Kuppel krönt das Grabmal des zweiten Herrschers der Mogul-Dynastie, Humayun (1530-56), im Süden von New Delhi. Der persische Architekt Mirak Mirza Ghiyat benutzte als Baumaterial roten Sandstein mit Einlegearbeiten aus weißem Marmor und verschmolz erstmals persische mit hinduistischen Formen zum so genannten Mogulstil.

ten nur noch nominell die Oberherrschaft Delhis an. Im Süden wuchs der Moslemstaat Mysore unter Haidar Ali und seinem Sohn Tipu Sultan zu einer ansehnlichen Macht heran.

DIE PERLE DES BRITISCHEN EMPIRE

Unterdessen erlebte Indien den ersten Einfall von Eroberern über die Meere. Portugiesische, französische und britische Seefahrer errichteten seit dem 16. Jahrhundert bedeutende Handelsstützpunkte an den Küsten. Nach dem Sieg über Frankreich im Siebenjährigen Krieg hatte in den Jahren bis 1765 die britische Ostindienkompanie ihre Machtstellung am Golf von Bengalen fest verankert und eroberte in den folgenden Jahrzehnten ein zusammenhängendes Territorium von der Gangesebene bis zur Südspitze Indiens. Im Jahr 1803 unterstellte sich auch der Großmogul in Delhi der britischen Schutzherrschaft. Um die Jahrhundertmitte reichte die britische Einflusszone bis an die natürlichen Grenzen im Norden und Osten des Subkontinents. Als 1857 eine Meuterei der indischen Soldaten der Company einen blutigen Aufstand auslöste, der erst nach vierzehn Monaten erbitterter Kämpfe niedergeschlagen werden konnte, übernahm die britische Krone die Regierungsgewalt über Indien.

Der Subkontinent wurde in Abhängigkeit von Großbritannien in die Weltwirtschaft eingebunden. Neue Verkehrsverbindungen, insbesondere der Bau von Eisenbahnlinien, dienten dazu, den Import britischer Fertigprodukte und den Export von Rohstoffen zu erleichtern. Die Kolonialbeamten gingen daran, die indische Gesellschaft nach europäischem Muster umzugestalten. Die Nutznießer der neuen Ordnung – Grundherren, Bedienstete der Kolonialverwaltung und Akademiker – bildeten die neue Elite des kolonialen Indien.

GEBURTSWEHEN DES UNABHÄNGIGEN INDIEN

1885 wurde der »Indian National Congress« als erste gesamtindische politische Organisation mit offizieller Genehmigung gegründet. Der ursprünglich recht zahme Kongress entwickelte bald einen nationalistischen Flügel, der die britische Herrschaft über Indien generell in Frage stellte. Seit Ende der 20er-Jahre drängte ein radikaler Flügel unter der Führung von Jawaharlal Nehru und Subhas Chandra Bose auf militante Aktionen gegen die Briten. Von 1930 bis 1934 führte Gandhi eine Kampagne des zivilen Ungehorsams an. Die Verfechter eines geeinten, unabhängigen Indien gerieten angesichts der unversöhnlichen Spaltung der Unabhängigkeitsbewegung in religiöse Lager immer mehr ins Hintertreffen. Die Entwicklung steuerte einem blutigen Bürgerkrieg entgegen, seit die Jinnah-Partei ab 1940 unnachgiebig die Forderung nach einem eigenen islamischen Staat erhob. Die britischen Lösungsversuche der Indienfrage nach dem Ende des Zweiten Weltkriegs wurden von den Ereignissen überrollt. Ein Blutbad zwischen Moslems und Hindus in Calcutta 1946 machte alle Vermittlungsbemühungen zunichte. Der Teilungsplan wurde umgesetzt und am 14./15. August 1947 wurden Indien und Pakistan unabhängig. Die unmittelbar darauf einsetzenden Massaker auf beiden Seiten und die dadurch ausgelösten gewaltigen Flüchtlingsströme wurden zur Quelle nicht nachlassender innerer und äußerer Konflikte, vor allem in den nordwestlichen Bundesstaaten Kashmir und Punjab.

KALEIDOSKOP DER FARBEN UND FESTE

Wie überall in der Welt, wo Armut und Reichtum, Glück und Unglück oft nur einen Schritt auseinander liegen, werden in Indien Feste mit unvorstellbarer Ausgelassenheit gefeiert. Je bunter, lauter und farbenprächtiger es zugeht, desto schöner. Wenn nicht gerade eines der ungezählten religiösen oder kalendarischen Feste stattfindet, ziehen aufwendige Hochzeitszüge durch die Straßen. Nur die drei vom modernen Staat eingeführten Feiertage haben ein festes Datum: Der Verfassungstag am 26. Januar, der in Delhi mit einer großen Parade begangen wird, der Unabhängigkeitstag am 15. August und der Geburtstag Mahatma Gandhis am 2. Oktober.

Varanasi in Uttar Pradesh ist einer der heiligsten Orte der Hindus. Bei Anbruch der Morgendämmerung schreiten Tausende von Pilgern über die Ghats, die breiten Treppen am Westufer des Ganges, um die rituelle Reinigung im Angesicht der aufgehenden Sonne vorzunehmen.

Alle anderen richten sich nach dem traditionellen Mondkalender, nicht zuletzt die muslimischen Feiertage zu Beginn und Ende des Fastenmonats Ramadan. Jede Provinz – ja beinahe jedes Dorf – und fast jede Berufsgruppe hat ihr eigenes Fest, das zumeist auch mit einer »Mela«, einem Jahrmarkt, im fröhlichen Treiben ausklingt. Das schönste, ausgelassenste und »indischste« aller Feste ist jedoch die öffentliche Wasserschlacht »Holi«, das indische Frühlingsfest Ende Februar/Anfang März, wenn sich auf den Straßen Hunderttausende versammeln, um sich bis zur glückseligen Erschöpfung gegenseitig mit Wasser und grellen Farben zu überschütten.

INDIEN IM AUFBRUCH

Angesichts der religiösen, ethnischen und kulturellen Vielgestaltigkeit Indiens, seiner wirtschaftlichen Unterentwicklung und der ungelösten Verkehrs- und Kommunikationsprobleme gleicht es beinahe einem Wunder, dass die ehemalige britische Kronkolonie seit der Unabhängigkeit im Jahr 1947 nicht nur ihre staatliche Einheit, sondern auch ihre demokratischen Grundstrukturen bewahrt hat. Das Entwicklungsland Indien hat sich zum Schwellenland gemausert, das heute nach China die höchsten Wachstumsraten in Asien aufweist. Die »grüne Revolution« mit verbesserter Bewässerung und einer meist korrumpierten Umverteilung des Landes hat dennoch ihre Früchte getragen, ebenso wie die von Gandhi und seinen Schülern leidenschaftlich bekämpfte Industrialisierungskampagne Nehrus.

Indien präsentiert sich heute als Land im Aufbruch. Einst Inbegriff für Unterernährung, schreckliche Krankheiten und Hungersnöte, ist das ehemalige Armenhaus der Welt heute von Nahrungsmittel- und Rohstoffimporten weitgehend unabhängig. So abenteuerlich sich auch noch die Kabel an Strommasten und frei stehenden Transformatoren knäueln, das indische Telefon- und Faxnetz hat fast europäisches Niveau

erreicht. Altes und Neues stehen fast unvermittelt, oft krass nebeneinander. Heilige Kühe und nackte Asketen führen im brausenden Lärm der Großstädte ein fast unbehelligtes Dasein im Schatten eines neuen, offen zur Schau getragenen Reichtums.

Fast in jedem Dorf Indiens und neben fast jedem der ungezählten Tempel und Heiligtümer spendet ein Banyan-Baum seinen Schatten. Der Banyan-Baum ist nicht nur die »Dorflinde« Indiens, er ist in gewisser Weise auch ein Sinnbild der verwirrend vielfältigen indischen Gesellschaft. Seine Samen keimen in den Mauerritzen alter Gebäude und sogar in der Rinde anderer Bäume, Luftwurzeln wachsen von den Ästen, bis sie im Boden Fuß fassen und neue Stämme bilden, die neben- und ineinander eine dichte und hohe Säulenkathedrale aus Stämmen, Ästen und Wurzeln bilden. Dass die Wurzeln von oben nach unten wachsen, zeitweise also in der Luft hängen, ist ein passendes Symbol dafür, dass Indien heute wie vor langen Zeiten ein Land ist, in dem Manches so ganz anders verläuft, als wir es nach unseren gewohnten Denkschemata erwarten. Und doch finden alle Wurzeln im gleichen Boden der alten und reichen indischen Kultur Halt.

Seite 24/25:
Die weltberühmten Tempelanlagen von Khajuraho in Madhya Pradesh entstanden während der Herrschaft der Chandela-Dynastie in der verhältnismäßig kurzen Zeit von 950 bis 1050. Drei Heiligtümer der westlichen Gruppe, Kandariya Mahadeva, Mahadeva und Devi Jagadamba (von links nach rechts), wurden auf einer gemeinsamen Plattform errichtet.

DER NORDEN – GÖTTER

Im Hari-Mandir, dem »Goldenen Tempel« von Amritsar im Punjab, wird das heilige Buch der Sikhs, »Grant Sahib«, aufbewahrt. 1830 wurde das Heiligtum mit 100 Kilogramm Blattgold verkleidet, einer Spende des Maharaja Ranjit Singh, der die Stadt von der Herrschaft der Marathen befreit hatte. Der Tempel liegt in der Mitte des Teichs Amrit Sovar, der der Stadt den Namen gab.

Eine Wasserscheide nordwestlich von Delhi trennt das fruchtbare Fünfstromland des Punjab vom Gangesbecken. Im Einzugsbereich des Indus liegen auch die nordwestlichen Himalaya-Regionen mit dem Kashmirtal, dem Ladakh und den Tälern von Kulu, Lahaul und Spiti. Im Norden von Uttar Pradesh entspringen die heiligen Flüsse Yamuna und Ganges zu Füßen schneebedeckter Götterberge, ihre Quellen sind Wallfahrtsstätten für ungezählte Pilger und Asketen.

Die Millionenstadt Delhi hat zwei Gesichter: New Delhi wurde erst 1931 offiziell als neue Hauptstadt eingeweiht. Old Delhi um das mächtige Rote Fort erhielt unter dem Mogul Shah Jahan im 17. Jahrhundert sein historisches Gesicht. In seiner alten Hauptstadt Agra ließ er das Taj Mahal, das wohl berühmteste Bauwerk Indiens, als Grabmal für seine Lieblingsfrau Mumtaz errichten. In Varanasi suchen Millionen von Pilgern und Saddhus Reinigung in den Fluten der heiligen Mutter Ganges.

Calcutta, die alte Hauptstadt des britischen Kolonialreichs, leidet noch heute unter den Flüchtlingsströmen nach der Teilung Britisch Indiens 1947. Anfang des 19. Jahrhunderts entdeckten die Briten das auf rund 2000 Meter Höhe gelegene Darjeeling als Erholungsort. In den uralten Klöstern von Sikkim blüht zu Füßen des höchsten Gipfels Indiens, des 8586 Meter hohen Kanchendzonga, eine lebendige buddhistische Tradition.

Das Grenzdreieck zwischen Bhutan und China, Myanmar und Bangladesh ist nur durch einen schmalen Korridor mit dem restlichen Staatsgebiet Indiens verbunden. Mit seinen tropischen Bergwäldern im Bereich des Südostmonsuns zählt es zu den niederschlagsreichsten Regionen der Erde.

Links:
Da um die Jahrhundertwende Europäern der Erwerb von Grundstücken als Feriendomizil in Srinagar untersagt war, entwickelten britische Kolonialoffiziere die Idee zum Bau der legendären Hausboote auf dem Dal-See.

Unten:
Zwischen dem Fluss Jhelum und dem Dal-See durchziehen mehrere Kanäle die Hauptstadt von Kashmir. Die meisten Gebäude der Altstadt von Srinagar sind aus Himalaya-Zedern in der charakteristischen kashmirischen Holzbauweise errichtet.

Oben:
Ein großer Teil des Lebens in Srinagar spielt sich auf dem Wasser ab. Ein schwimmender Markt versorgt die Bewohner der Hausboote mit frischem Obst und Gemüse, Reis und Weizen, die auf den fruchtbaren Talböden der näheren Umgebung üppig gedeihen.

Unten:
In den Gebirgsregionen Kashmirs weiden Halbnomaden vor allem Schafe und Ziegen im jahreszeitlichen Zyklus. Die Hirten verbringen die Sommermonate zusammen mit ihren Familien auf den Hochweiden und ziehen erst im Winter wieder hinab in die Täler.

Rechts:
Der 8125 Meter hohe Nanga Parbat ist der westliche Eckpfeiler des 2400 Kilometer langen Bogens der Himalaya-Hauptkette. Das unzugängliche Gebirgsmassiv schließt das Kashmirtal nach Norden ab und bildet die Trennscheide zum Ladakh.

Nur 10 Prozent der Fläche Kashmirs sind zur regelmäßigen Landwirtschaft geeignet. Der Rest besteht aus schwer zugänglichen Bergregionen und Ödland. Die Bauern und Hirten des Landes sind ein stolzes und abgehärtetes Bergvolk. Der Weg zum Markt in Srinagar bedeutet dennoch für viele einen beschwerlichen Fußmarsch.

Zu der glücklichen Minderheit, die in Kashmir eine Schule besucht, gehören nur wenige Mädchen. Die Hälfte der männlichen und fast 90 Prozent der weiblichen Bevölkerung sind Analphabeten.

Lamayuru ist eines der ältesten der 13 buddhistischen Hauptklöster im Ladakh. Es wurde im 11. Jahrhundert von Mitgliedern des Rotmützenordens gegründet, die im Gegensatz zur Reformrichtung der Gelbmützen nicht zum Zölibat verpflichtet sind.

Die rituellen Handlungen buddhistischer Mönche während der täglichen Zusammenkünfte werden von Tschinellen, Gongs und Tubas begleitet.

Im Zentrum aller buddhistischen Köster steht der Lhakang (Tempel) mit Bildnissen der jeweils besonders verehrten Schutzgottheiten, Buddhas und Boddhisattvas.

Der kostbarste Schatz jedes buddhistischen Klosters ist die Bibliothek mit den uralten heiligen Schriften, die sorgfältig in Seidentücher und Kisten verpackt sind.

Das Leben buddhistischer Mönche unterliegt einer strengen Hierarchie. Der Eintritt erfolgt bereits im Kindesalter. Nach dem Noviziat können lese- und schreibkundige Mönche nach jahrelangen Studien Schritt für Schritt in die höheren Ränge aufsteigen.

Seite 34/35:
Nördlich von Shimla in Himachal Pradesh zieht sich das zauberhafte Kullu-Tal des Beas River mit seinen Obstplantagen, versteckten Tempeln und Terrassenfeldern bis hinauf nach Manali.

Unten:
Ein Pilgerort von besonderer Bedeutung ist Haridwar, wo der Ganges in Uttar Pradesh die Berge verlässt, ehe er seinen langen Weg durch die Ebenen bis zum Golf von Bengalen fortsetzt. Der Legende nach soll hier als Asket der Königssohn Bhagiratha gelebt haben, der den Gott Shiva veranlasste, den heiligen Fluss vom Himmel zu schicken. Alle zwölf Jahre ist die Stadt Schauplatz der Kumbh Mela, der größten Wallfahrt Indiens.

Rechts und ganz rechts:
Haridwar ist Treffpunkt und Zwischenstation für zahlreiche Rishis und Saddhus, die durch Askese, Yoga und Meditation die Vereinigung mit dem Göttlichen anstreben. Von hier aus führen uralte Pilgerpfade bis auf 4000 Meter Höhe, zu den Quellen von Ganges und Yamuna am Fuß der schneebedeckten Götterberge.

Unten:
Der heiligste Badeplatz in Haridwar soll der Ghat Har Ki Pairi sein. Denn angeblich genau an dieser Stelle erreicht der Ganges die Ebene.

Oben:
Rishikesh wurde weltbekannt, als in den 60er-Jahren die Beatles hier spirituelle Erfahrungen sammelten. An der Mündung des Chandrabhaga in den Ganges liegen zahlreiche Ashrams, »Orte der geistlichen Erbauung«, die Kurse in Yoga, Meditation und indischer Philosophie anbieten.

Rechts:
Vom Minarett der Freitagsmoschee Jami Masjid aus werden die riesigen Dimensionen des Roten Forts in Old Delhi deutlich. Die rechteckige Festungsanlage, die der Mogul Shah Jahan 1638-48 nach dem Vorbild des Forts in Agra, der Residenz seines Großvaters Akbar, erbauen ließ, ist fast einen Kilometer lang und 500 Meter breit.

Unten:
Den Haupteingang zum Roten Fort in Old Delhi bildet das mächtige, von zwei achteckigen Türmen flankierte Lahore-Tor. Es ist zur Prachtstraße Chandni Chowk hin ausgerichtet. Mit den luftigen Dachpavillons und minarettartigen Seitentürmen nimmt der Bau ganz bewusst architektonische Motive der nahen Freitagsmoschee auf.

Rechts:
Mit besonderem Prunk wurde der Diwan-i-Khas ausgestattet, die Halle für Privataudienzen im Roten Fort von Old Delhi. Zwölf Pfeiler tragen die Marmorhalle mit kostbaren Einlegearbeiten aus Halbedelsteinen. In der Mitte stand einst der sagenumwobene goldene Pfauenthron der Mogule, den Nadir Shah bei der Plünderung Delhis durch seine persische Armee im Jahr 1739 als Beutestück mitnahm.

Links:
An der Wende zum 13. Jahrhundert errichtete Qutb-ud-din Aibak (sprich: Kutub), ein aus dem Sklavenstand aufgestiegener General, das Sultanat von Delhi. Als Symbol für den Triumph des Islam ließ er auf den Trümmern der Rajputensiedlung Lalkot eine 73 Meter hohe Siegessäule, den Qutb Minar errichten.

Rechts:
An der Basis hat der Qutb Minar einen Durchmesser von 15 Metern. Die umlaufenden Schriftzeichen in kufischer Kalligrafie verkünden unter anderem, dass der Turm errichtet wurde, »um den Schatten Allahs nach Ost und West zu werfen«.

Unten:
Ein Tor aus rotem Sandstein bildet den Haupteingang zur ältesten Moschee Indiens, der Quwwat-ul-Islam (Macht des Islam), die Ala-ud-din Khalji 1311 zu Füßen des Qutb Minar errichten ließ.

Unten:
Am Rand des Qutb Minar-Komplexes wurde 1236 das Marmorgrabmal für Iltutmish, den Schwiegersohn von Qutb-ud-din Aibak, erbaut. Kunstvolle Ornamente schmücken den Mihrab, die Rundbogen-Nische in der Westwand von Moscheen, gegen die sich gläubige Muslime zum Gebet verneigen.

Ein indischer Handwerker, der wie der Schneider (links) einen winzigen Verschlag sein Eigen nennt, darf sich glücklich schätzen. Die Schusterwerkstatt (unten) ist vergleichsweise großzügig bemessen und dient auch als Wohn- und Schlafraum. Weniger Glückliche gehen ihrem Broterwerb auf der Straße nach.

Unten:
Der Beruf des Ohrenausputzers ist in Indien weit verbreitet.

Ganz unten:
Fast an jeder Straßenecke findet man eine handbetriebene Zuckerrohrpresse. Der süße Saft ist eine heiß begehrte Leckerei für Jung und Alt.

Unten:
Der Scheren- und Messerschleifer zieht auf seinem Fahrrad von Haus zu Haus.

Ganz unten:
Frischer Fisch gehört nicht zu den Grundnahrungsmitteln in Nordindien. Aber im Basarviertel von Old Delhi gibt es beinahe nichts, was man nicht finden kann.

Unten:
Die kunstreiche Bemalung von Handflächen und Fußsohlen mit Hennafarbe gehört für indische Frauen zum Glück bringenden Festschmuck.

Oben:
Futuristisch mutet die Architektur des Observatoriums Jantar Mantar in New Delhi an. Es wurde im Jahr 1725 von dem astronomisch gebildeten Maharaja von Jaipur, Savai Jai Singh II., errichtet.

Rechts:
Nur noch wenige Überreste erinnern an Tughluqabad, eine der zahlreichen Vorläuferstädte von Delhi. Das Grabmal ihres Gründers, Ghiyath-ud-din Tughluq aus der dritten Dynastie der Sultane von Delhi (1320-5), ist von einer weißen Marmorkuppel gekrönt.

Links:
Der Industrielle Birla errichtete 1938 Lakshmi, der Göttin des Glücks und Wohlstands, einen Tempel im Westen des Connaught Place von New Delhi. Im Volksmund wird der Lakshmi Narayan-Tempel nach seinem Stifter meist nur »Birla Mandir« genannt.

Unten:
Flankiert von zwei großen Verwaltungsgebäuden liegt der heutige Amtssitz des indischen Premierministers am westlichen Ende der Paradestraße Rajpath auf einer kleinen Erhebung. Bei der Annäherung sieht man daher zunächst nur die Kuppel. Der Bau wurde 1929 für den britischen Vizekönig errichtet.

Die Arbeiten am extravagantesten Grabmal der Welt begannen 1631, ein halbes Jahr, nachdem Shah Jahan seine Lieblingsfrau Mumtaz bei der Geburt ihres 14. Kindes verloren hatte. Bis zur Fertigstellung sollten 22 Jahre vergehen. Mehr als 20 000 Arbeiter und Spezialisten aus aller Herren Länder waren am Bau beteiligt, darunter der Franzose Austin aus Bordeaux und der Italiener Veroneo aus Venedig. Der Aufwand, mit dem der Mogul-Herrscher die Ausstattung des Mausoleums betrieb, stürzte den Staat in eine finanzielle Krise und wurde schließlich ein Grund für seine Entmachtung. In den letzten acht Jahren vor seinem Tod, die der entthronte Shah Jahan als Gefangener seines Sohnes Aurangzeb im Roten Fort verbrachte, war der Blick aus dem Fenster auf das Taj Mahal das einzige, was er noch von der Außenwelt zu sehen bekam.

Das Mausoleum aus weißem, polierten Marmor steht auf einer erhöhten Terrasse am Nordende eines weiten Innenhofs, eingerahmt von zwei Moscheen aus rotem Sandstein. Das Innere beherbergt in einer tiefer liegenden Gruft die Sarkophage von Mumtaz Mahal und Shah Jahan, der an der Seite seiner Gemahlin beigesetzt wurde. Die Harmonie des Bauwerks beruht auf zahlreichen mathematischen Grundsätzen. Die Höhen der Kuppel und der Hauptfassade sind mit 58 Metern genau gleich. An den Ecken erheben sich vier 42 Meter hohe, fast schmucklose weiße Minarette. Die eigentliche Schönheit des Baues entfaltet sich beim Blick aufs Detail. Als »Pietra Dura« bezeichnet man die Technik, mit ungeheurer Präzision und Sorgfalt feinste Ranken und Ornamente aus Halbedelsteinen in die Marmorplatten einzulegen.

Seite 46/47:
Bei Sonnenaufgang in Agra scheinen die Kuppeln des Taj Mahal und der beiden flankierenden Moscheen über den Morgennebeln des nahen Yamuna-Flusses zu schweben.

Links und unten:
In Varanasi reihen sich rund 70 Bade-Ghats zwischen den Mündungen von Varuna und Asi in den Ganges aneinander. Die beiden Seitenflüsse haben der ältesten Stadt des indischen Subkontinents wahrscheinlich auch den Namen gegeben. Die Bedeutung als Pilgerort hängt damit zusammen, dass der Ganges hier nach Süden abknickt, so dass die Gläubigen ihr reinigendes Bad mit Blick auf die aufgehende Sonne vornehmen können.

Oben:
Ein unvergessliches Erlebnis ist eine Bootsfahrt auf dem Ganges, wenn die ersten Sonnenstrahlen die Ghats von Varanasi in ein mystisches Zwielicht tauchen.

Seite 52/53:
Varanasi ist die Stadt des Gottes Shiva. Der Patron der echten und falschen Saddhus, der Yogis und Wanderbettler zieht Tausende von Wanderasketen an, die in Meditation und asketische Übungen versunken sind.

Unten:
Fatehpur Sikri, südwestlich von Agra, sollte unter der Herrschaft Akbars zum neuen Mittelpunkt des Mogulreichs werden. Der weitläufige Palast, den er um 1570 errichten ließ, wurde aber schon nach 15 Jahren abrupt wieder aufgegeben. Als Geisterstadt blieb die prächtige Residenz fast unbeschädigt über die Jahrhunderte erhalten. Der mehrstöckige, von Säulen getragene »Turm der Winde«, Panch Mahal, (links) gewährt einen weiten Blick über die Gesamtanlage von Palast und Harem, die sich um einen kühlenden Teich mit einer Orchesterinsel gruppiert.

Links und ganz links: *Besonders kostbar wurde die private Audienzhalle Diwan-i-Khas ausgestattet. Rings um das Gebäude laufen filigran durchbrochene Balustraden. Im Inneren führen vier Stege zu einer Plattform im ersten Stockwerk, die auf einer Steinsäule ruht. Man nimmt an, dass hier Akbar während der Audienzen Platz nahm, um die Wünsche und Huldigungen der unter ihm Versammelten entgegenzunehmen.*

Seit sie 1943 nach zwanzigjähriger Bauzeit fertig gestellt wurde, ist die Howrah-Brücke über den Hoogly zum Wahrzeichen Calcuttas geworden. Auch nach Fertigstellung einer zweiten Brücke im Jahr 1992 herrscht beängstigendes Gedränge. Täglich quälen sich gut 70 000 Fahrzeuge und rund eine halbe Million Menschen über die 450 Meter der frei tragenden Stahlkonstruktion. Die ehemalige Hauptstadt Britisch Indiens wurde seit der unglückseligen Teilung der Kolonie im Jahr 1947 zum Armenhaus des Subkontinents. Millionen ostbengalischer Hindus flohen nach blutigen Massakern in die grenznahe Metropole Westbengalens. 1971, nach der gewaltsamen Abspaltung Bangladeshs von Pakistan, ergoss sich ein neuer Flüchtlingsstrom nach Calcutta, der bis heute nicht abgerissen ist.

Rechts:
Bei der Glaubensgemeinschaft der Jains genießen die 24 mythischen Wegbereiter (Tirthankaras) des Religionsstifters Mahavira besondere Verehrung. Der Shitalanatha-Tempel im Nordosten Calcuttas ist dem 10. Tirthankar Shitalnathji geweiht. Die Anhänger des Jainismus sind strikte Vegetarier, die sich besonders der Ahimsa, der Nichtverletzung von Lebewesen, verpflichtet fühlen.

Mitte rechts:
Nur noch in Calcutta findet man von Menschen gezogene Rikshas. Die meisten Riksha-Wallahs sind zu arm für ein eigenes Gefährt und müssen den Löwenanteil ihrer Einnahmen an Verleiher abtreten.

Mitte ganz rechts und unten links:
Millionen leben in riesigen Bustees, wie die Slums von Calcutta genannt werden, oder auf der Straße unter unvorstellbar schlechten hygienischen Bedingungen.

Unten ganz rechts:
Der New Market ist das beste und preiswerteste Einkaufszentrum von Calcutta. Für die Ärmsten der Armen wäre aber etwa ein Hühnchen ein unvorstellbarer Luxus.

DIE INDISCHE EISENBAHN –

Ganz links:
Rote und grüne Fähnchen ersetzen an der Bahnstrecke nach Jaisalmer in der Wüste Thar elektrische Signalanlagen.

Links:
Hunderte warten zwischen Bergen von Gepäck geduldig auf ihren Zug. Obwohl hoffnungslos überfüllt, ist die Eisenbahn für die Armen oft die einzige, weil billigste Reisemöglichkeit.

Indien ist ein Paradies für Eisenbahnenthusiasten. Im überalterten Fuhrpark sind noch immer Hunderte ehrwürdiger Dampflokomotiven aus der britischen Kolonialzeit im Einsatz. Die Bahnhöfe der größten Städte gleichen neugotischen Kathedralen, den Palästen der Maharajas, Moscheen und islamischen Kuppelgräbern oder mittelalterlichen Festungen. Ihre riesigen Wartehallen werden nachts zu Schlafsälen für Hunderte. Die besonderen Wartesäle der ersten Klasse mit ihrem leicht angestaubten Plüsch und Pomp sind zeitlose Inseln des viktorianischen Zeitalters.

Der erste Personenzug auf dem indischen Subkontinent beförderte am 16. April 1853 die Würdenträger der britischen Kolonialmacht über 40 Kilometer von Bombay nach Thana. Noch im 19. Jahrhundert entwickelte sich ein verzweigtes Nebeneinander zahlreicher Privatbahnen, mit denen auch zahlreiche Maharajas in das lukrative Geschäft einstiegen. Die ersten Züge rollten auf Breitspur (1680 mm). Später genehmigten die britischen Vizekönige auch Spurbreiten von einem Meter und für die oft abenteuerlichen Gebirgsstrecken noch schmalere Gleise. Die 1881 gebaute Schmalspurbahn nach Darjeeling wird noch heute von einer 14 Tonnen schweren, im vorigen Jahrhundert bei Sharp, Stuart & Co in Glasgow gebauten Dampflok mit 13 Stundenkilometern bis in die Wolken des Himalaya in 2257 Metern Höhe betrieben. Ein anderes Wunderwerk britischer Ingenieurkunst ist die 1903 gebaute Schmalspurbahn von Kalka nach Shimla im Vorhimalaya. Sie muss bei einem Höhenunterschied von 1300 Metern Steigungen bis 33 Prozent bewältigen und dabei 103 Tunnel passieren.

Weltbekannt sind Züge wie der legendäre »Palace on Wheels« mit Salon- und Schlafwagen im Stil der Maharajas oder der nicht minder luxuriös ausgestattete »Royal Orient« mit stilvoller alter Dampflokomotive, die für zahlungskräftige Passagiere einzigartige Kreuzfahrten auf Schienen zu den bedeutendsten Sehenswürdigkeiten in Rajasthan und Gujarat anbieten. Die Eisenbahn ist bis heute das wichtigste und billigste Transportmittel der Bevölkerung geblieben. Täglich befördert sie mehr als 11 Millionen Fahrgäste, das sind rund 4 Milliarden pro Jahr.

Schlicht beeindruckend ist das Schienennetz, das seit mehr als 130 Jahren die riesigen Entfernungen auf dem Subkontinent überbrückt. Von Jammu Tawi, dem nördlichsten Bahnhof des Landes, bis zur Station Kanniyakumari am Kap Comorin sind es 3730 Eisenbahnkilometer – in der zweiten Klasse bezahlt man für diese Strecke umgerechnet nur rund 50 Mark. Da der größte Teil der Schienenstränge und des Fuhrparks noch aus der Kolonialzeit stammt, schleichen selbst die so genannten Expresszüge nur mit durchschnittlich 47 Kilometern pro Stunde durch die Lande, die Bummelzüge zweiter Klasse bringen es sogar nur auf 18 Kilometer pro Stunde, bedingt auch durch unzählige Stops und großzügig bemessene Bahnhofsaufenthalte. Speisewagen sind selten. In der ersten Klasse neh-

men oft Kellner Bestellungen auf, die dann im Abteil serviert werden. Wer sich nicht bei den zahllosen fliegenden Händlern am Abteilfenster bedienen möchte, hat ausreichend Zeit, den Bahnhof nach Ess- und Trinkgelegenheiten zu durchforsten. Heute wie vor hundert Jahren, als der Schriftsteller

DAMPFRÖSSER UND ROLLENDE PALÄSTE

Unten:
Am Fuß der Nilgiriberge in Tamil Nadu macht sich die blau und gelb gestrichene Zahnradbahn fertig zur Klettertour. Mit einer Höchstgeschwindigkeit von 33 km/h schraubt sich der Zug in rund 4 Stunden zum Bergerholungsort Ooty (Udhagamandalam) auf gut 2260 Metern Höhe hinauf.

Rechts:
Vor der Abfahrt wird die ehrwürdige Dampflok der Darjeeling-Bahn noch einmal überprüft. Als die Schmalspurstrecke mit vier kompletten Kreiskehren und fünf Spitzkehren bei einem Radius von nur 15 Metern 1881 in Betrieb genommen wurde, galt sie als Weltwunder der Ingenieurkunst.

Rudyard Kipling im »Schindluderkoupee« durch Rajasthan reiste, »kaufen die ›Letzte-Klasse-Passagiere‹ grundsätzlich nicht in den Erfrischungsräumen; sie ziehen es vor, Nahrungsmittel in Bündeln und Töpfen mit sich herumzuschleppen, hie und da bei eingeborenen Zuckerbäckern einige Süßigkeiten zu erwerben und Wasser aus dem Stationsbrunnen zu trinken...« In Indien sind die Züge aller Klassen meistens voll belegt. Ein Ticket kaufen und losfahren ist daher ein Ding der Unmöglichkeit. Reservierungen vor einem der verwirrend zahlreich unterteilten Schalter in den Bahnhöfen können Stunden dauern, wenn auch heute meist Computer an die Stelle langatmiger Formulare getreten sind. Besonders größere Bahnhöfe sind Labyrinthe voll Geschrei und Durcheinander, mit Bergen von Gepäck und Menschen, die auf den Bahnsteigen kochen, essen und schlafen.

Bei Antritt der Reise heuert man sich tunlichst einen kräftigen Träger an, der einen durch das Gewühl der Bahnsteige bugsiert und sich so lange bedrohlich vor dem reservierten Platz aufbaut, bis blinde Passagiere und Mitreisende mit und ohne Berechtigung samt Kisten und Kästen zu hinreichender Bequemlichkeit beiseite geräumt sind. Zwischen den Bezeichnungen erste und zweite Klasse verbergen sich nicht weniger als sechs erheblich verschiedene Stufen des Reisekomforts, vom vollklimatisierten Schlafwagen bis zum beängstigenden Gedränge auf den harten Holzbänken zweiter Klasse. Wer sich auf das Abenteuer einer Fahrt zweiter Klasse ohne Reservierungsmöglichkeit einlässt, braucht daher gute Nerven und Standfestigkeit. Und wen dann auch die unbezähmbare Neugierde und ungezählte Fragen der Mitreisenden nicht aus der Ruhe bringen können, der wird von einer solchen Bahnfahrt unvergessliche Bilder vom Indien der kleinen Leute mit nach Hause tragen.

Links:
Die »Hill Station« von Darjeeling mit den Villen der ehemaligen Kolonialherren zieht sich in 2100 Metern Höhe kilometerweit über die Bergkämme. In klaren Morgenstunden liegt das Panorama des Kanchendzonga-Massivs zum Greifen nah.

Oben und rechts oben:
Mit den Bhotia und Tsongpa, die seit dem 15. Jahrhundert aus Norden einwanderten, verbreitete sich auch der Buddhismus in Sikkim. Heute stellen Nepalesen mit rund 75 Prozent die größte Volksgruppe. 1975 wurde das bis dahin unabhängige Königreich Sikkim nach einer Volksabstimmung der 22. Bundesstaat der Indischen Union.

DER WESTEN – WÜSTEN

Der Maharaja von Jodhpur beauftragte 1928 den Präsidenten des British Royal Institute of Architects, Sir U. H. Lanchaster, mit dem Bau des gigantischen Umaid Bhawan-Palastes auf einer Grundfläche von 195 mal 103 Metern.

Fertig gestellt wurde er erst 1943. Die Nachkommen Umaid Singhs begnügen sich inzwischen mit einem Drittel der 347 Zimmer, während der Rest in ein Luxushotel umgewandelt wurde, das an Komfort nichts zu wünschen übrig lässt.

Der größte Teil des Landes liegt in der halbariden Zone zwischen der fast 700 Kilometer langen Aravalli-Kette und der Wüste Thar. Bei den zahlreichen viehzüchtenden Halbnomaden spielt das Kamel noch immer eine große Rolle als Last- und Arbeitstier.

Rund zwei Dutzend Fürstentümer entfalteten hier vor der Unabhängigkeit ihren prunkvollen Lebensstil. Ihre prächtigen Residenzen sind heute meist der Öffentlichkeit zugänglich. Dutzende von ehemaligen Fürstensitzen streiten darum, welchem die Krone gebührt: Jaipur, die »Pink City« zu Füßen des Nahargarh Forts, Udaipur mit seinen weißen Palästen zwischen gleißenden Wasserflächen, die Bergfestung Amber oder die Wüstenstadt Jaisalmer, die sich wie eine Fata Morgana aus den Staubschleiern der Wüste Thar erhebt.

Gujarat wurde aufgrund seiner exponierten Lage am Arabischen Meer zum Schmelztiegel von Einwanderern, Eroberern und Vermittlern fremder Kulturen. Am Golf von Cambay entwickelten sich das britische Surat an der Mündung des Tapti und die portugiesischen Enklaven Diu und Daman zu bedeutenden Umschlagplätzen des Kolonialhandels. Die Landschaft zwischen den Palmenstränden bei Daman bis zur periodisch überfluteten Halbwüste des Rann von Kutch ist weitgehend geprägt von kargen Ebenen. Auf der Halbinsel Kathiawar findet man neben prächtigen islamischen Bauwerken die berühmten Hindu-Tempel von Dwarka und Somnath und nicht zuletzt einige der bedeutendsten Heiligtümer der Jains auf den Bergen von Palitana und Girnar, die der Pilger auf Tausenden von Treppenstufen erklimmen muss.

STÄDTE UND SEEPALÄSTE

Unten:
Der größte Teil des Stadtpalastes im Zentrum der Altstadt von Jaipur verbirgt sich hinter Häuserfronten, nur die Vorderseite des Hawa Mahal, des »Palasts der Winde«, ist direkt der Straße zugewandt. Der in Amber residierende Rajputenfürst Savai Jai Singh II. ließ die Festungsstadt am Rand der Wüste Thar 1727 mit breiten, schachbrettartig verlaufenden Straßen erbauen. Die vorherrschende Farbe, die der Stadt den Beinamen »Pink City« eintrug, gilt in Indien als Symbol des Willkommens. Als im Jahr 1876 der britische Thronfolger empfangen wurde,ordnete Maharaja Man Singh an, alle Gebäude rosa zu tünchen.

Rechts:
Der Hawa Mahal, der »Palast der Winde«, ist im strengen Sinn eigentlich kein Gebäude. Er besteht nur aus einer 25 Zentimeter starken, fünfstöckigen Sandsteinfassade, an der zahl reiche vergitterte Erker wie Bienenwaben kleben. Sofern sie schwindelfrei waren, konnten die Haremsdamen über Treppen auf der Rückseite auf ihre luftigen Aussichtsplätze gelangen, um die großen Festumzüge zu bewundern, für die Jaipur noch heute berühmt ist.

Oben und rechts oben: *In Udaipur wird das Frühlingsfest nach der einheimischen Dynastie der Maharanas Mewar-Fest genannt. Zum Abschluss tragen die Frauen die Götterbilder von Shiva und Parvati zum Gangaur Ghat am Pichola-See, dem Ausgangspunkt einer farbenprächtigen nächtlichen Bootsprozession.*

Ganze rechte Seite: *In ganz Rajasthan feiert man im März/April ausgiebig das Frühlingsfest Gangaur. Es knüpft an die Legende von der Heimführung der Braut und Gefährtin Parvati (Gangaur) durch den Gott Shiva (Ishar) an. Die jungen Mädchen legen ihre besten Kleider an und bitten um einen Wunsch-Bräutigam, während die verheirateten Frauen für ihre Ehemänner beten. 18 Tage lang vergnügen sich Jung und Alt bei musikalischen Darbietungen, Gesang, Tanz und Feuerwerk. Einer der Höhepunkte in Jaipur ist der Gulelal-Umzug (obere Reihe). Wenn die prächtig geschmückten Festwagen mit überlebensgroßen Figuren durch die Straßen ziehen, herrscht ausgelassene Stimmung wie im europäischen Karneval.*

Rechts:
Bis zur Verlegung ihrer Residenz nach Jaipur im Jahr 1727 war das rund 10 Kilometer entfernte Amber Sitz der Fürsten aus dem mächtigen Rajputen-Clan der Kachhawa. Die treppenförmig ansteigende Palastanlage über der Stadt wird durch das mächtige, noch einmal 130 Meter höher gelegene Jaigarh-Fort überragt.

Unten:
Als kühle, grüne Oase an den Ufern des Maota-Sees ließen die Herrscher von Amber den fast vollständig von Wasser umgebenen Mogul-Garten Dil-i-Aram anlegen. Ein kleines archäologisches Museum bietet heute einen zusätzlichen Besucheranreiz.

Links und links oben:
Die außergewöhnliche Schönheit des Palastes von Amber soll sogar den Neid des Mogulherrschers Jahangir erweckt haben. Die bis zum Boden reichenden, durchbrochenen Fenster im Jass Mandir-Pavillon (oben links) sind aus hauchzartem Alabaster gefertigt.
Das größte Juwel des Palastes ist die öffentliche Audienzhalle Diwan-i-Am (links). Über dem weiten Raum aus gelbem Marmor erhebt sich ein funkelnder Baldachin aus Tausenden von kleinen Spiegeln, die in die Decke eingelegt sind.

Links:
Zwischen zerklüfteten Hügeln entstand Bundi schon im 13. Jahrhundert als Zentrum eines Rajputen-Fürstentums. Zu Füßen des Taragarh-Forts zwängt sich der Stadtpalast in einen engen Taleinschnitt über der Stadt.

Unten:
Der Wasserbüffel gehört in weiten Teilen Indiens zum festen Bild der Dörfer. Als Zug- und Lasttier ist er ein unentbehrlicher Helfer bei der Bauernarbeit. Ein Wasserbüffel in der Millionenstadt Jaipur ist dagegen fast ein exotischer Anblick.

Ganz unten:
Die häufigsten Zugtiere in indischen Großstädten sind immer noch Menschen. Fahrradrikshas transportieren oft unvorstellbare Lasten durch die verstopften Straßen.

Unten:
In den Wüstenregionen von Rajasthan gehören Dromedare zum alltäglichen Straßenbild. Meist vor einachsige Lastkarren gespannt, schreiten sie stoisch durch das dichteste Verkehrsgetöse.

Ganz unten:
Immerhin vier Wände und ein Dach über dem Kopf bietet die Kleinstform einer Schusterwerkstatt am Straßenrand.

DIE »GROSSE SEELE«

Als Mahatma Gandhi am 30. Januar 1948, auf die Schultern seiner Nichten gestützt, zu seiner täglichen Gebetsversammlung schritt, stellte sich ihm ein junger Mann

in den Weg und verbeugte sich demutsvoll. Gandhi war noch geschwächt von seinem zurückliegenden Fasten, mit dem er die brutalen Ausschreitungen zwischen Hindus und Moslems in Delhi hatte beenden können. Das ganze Land war seit der Unabhängigkeit 1947, seit seiner damit verbundenen Teilung in ein islamisches Pakistan und eine säkulare Indische Union im blutigen Aufruhr. 12 Millionen Menschen waren auf der Flucht, bei zahlreichen Massakern kamen eine Million ums Leben.

Gandhi faltete zum Gruß die Hände und verneigte sich lächelnd, da trafen ihn die Kugeln des Attentäters. Mit dem Seufzer »Ach, Gott« auf den Lippen starb der 79-jährige Mahatma, der wie kaum ein anderer vor oder nach ihm ein ganzes Land verkörperte, der seine »Mutter Indien« in ihrer ganzen Komplexität und Widersprüchlichkeit, Weisheit und Marotte personifizierte. Sein Mörder entstammte den Kreisen der rechtsradikalen »Hindu-Mahasabha«. Geboren wurde Gandhi 1869 in der Kleinstadt Porbandar im jetzigen Bundesstaat Gujarat. Sein Vater war angestellter Premierminister

eines kleinen Fürstentums, die Familie gehörte einer Händlerkaste an. 1888 brach Gandhi gegen das Gebot seiner Kaste zu einem Studium nach London auf. Er kam erst dort mit den wichtigen heiligen Schriften Indiens in Berührung, später lernte er die Bhagavadgita sogar auswendig. Sie war der Leitfaden seines Lebens, wie er gerne sagte. 1891 kehrte er als Rechtsanwalt nach Bombay zurück, fasste aber nur schwer Fuß und nahm 1893 einen Auftrag in Südafrika an.

In Südafrika, wo er die nächsten 22 Jahre verbrachte, durchlebte er seine Lehr- und Gesellenjahre. Von einem schüchternen, unbeholfenen und bornierten Jüngling wandelte er sich zu einem autonomen, mutigen und charismatischen Mann. Er korrespondierte mit dem verehrten Tolstoi und experimentierte mit einem naturnahen und einfachen Lebensstil. Am eigenen Leib erfuhr er aber auch die Misshandlung Farbiger und die rassistische Verachtung der beginnenden Apartheidspolitik. Er brachte seine benachteiligten Landsleute zum Kampf für ihr gemeinsames Wohl zusammen und begeisterte sie für einen aktiven Widerstand gegen das Unrecht des Staates. In direkten und Aufsehen erregenden Massenkampagnen, sich selbst nicht schonend, schuf er seine Methode des zivilen Ungehorsams, die er »Satyagraha« nannte, »Festhalten an der Wahrheit«. Mit ihr gelobte er eine unbedingte und allumfassende Wahrheitsverpflichtung, die ihm einem göttlichen Universalrecht gleichkam und über allen von Menschen gemachten Gesetzen stand.

Ahimsa und Brahmacharya waren die beiden anderen Eckpunkte seines Handelns und das Fundament seiner Lebensauffassung. Ahimsa meint eine strikte Gewaltlosigkeit allen Lebewesen gegenüber, auch im Widerstand. Ahimsa lehrte Gandhi, einen Gegner zu überzeugen statt zu besiegen, notfalls für den Preis eigenen Leidens das Gesicht des Anderen zu wahren und akzeptable Vergleiche zu suchen. Brahmacharya wiederum ist eine altindische Übung der Selbstdisziplin, eine Eigenkontrolle des Denkens, Sprechens, Tuns. 1906 legte Gandhi ein Gelübde lebenslanger Brahmacharya ab, verzichtete freiwillig auf weltlichen Besitz und Eheleben, um sich uneingeschränkt seinem Dienst an der indischen Sache widmen zu können. Bis dahin war er immerhin ein erfolgreicher und vermögender Jurist, war schon 23 Jahre verheiratet und hatte vier Söhne gezeugt.

Links unten:
An der Stelle, wo Gandhi am 30. Januar 1948 an der Tees January Marg in New Delhi ermordet wurde, erinnert ein schlichtes Denkmal an den großen Sohn Indiens.

Links:
Am Raj Ghat Samadhi, am Ufer des Yamuna, wurde Gandhis Leiche am 31. Januar 1948 eingeäschert. Jeden Freitag, dem Wochentag seiner Ermordung, findet dort eine kleine Gedenkfeier statt.

MAHATMA GANDHI

Rechts:
Nach dem Blutbad in Calcutta wanderte Gandhi im Winter 1946/47 zu Fuß durch die Dörfer Ostbengalens, um sein Evangelium der Gewaltlosigkeit zu predigen. Als Anwalt in Johannesburg sammelte Gandhi erste Erfahrungen im gewaltlosen Widerstand. Vom 10. Okt. bis 13. Dez. 1908 saß er dort erstmals wegen bürgerlichen Ungehorsams im Gefängnis. Nachdem er als Ursache für die Verarmung der Dörfer die Konkurrenz der britischen Textilindustrie erkannt hatte, warb Gandhi für die Heimspinnerei und demonstrierte öffentlich die Arbeit am Spinnrad.

Seine Meisterschaft jedoch erlangte Gandhi in seinem Mutterland, in das er 1915 zurückkehrte und das ihn mit dem Ehrentitel eines »Mahatma«, einer »Großen Seele«, auszeichnete. Er schloss sich dem Indischen Nationalkongress an, der auf die Unabhängigkeit des Landes von der britischen Kolonialmacht hinarbeitete, und leitete landesweite Kampagnen der »Nichtzusammenarbeit«. Weltweite Beachtung fand er 1930 durch seinen »Salzmarsch«, mit dem er gezielt das Salzmonopol der britischen Kolonialregierung brach. Von Ahmedabad zog er zu Fuß in dreieinhalb Wochen mit einer täglich wachsenden Zahl von Anhängern nach Dandi an die Küste, sammelte Meersalz ein und verkaufte es unversteuert weiter. Tausende taten ihm gleich, bald waren die Gefängnisse überfüllt. Wieder und wieder brachte ihn seine gewaltlose Opposition in die Haftanstalten des Empire, zuletzt 1942–1944 nach seiner »Verlasst Indien!«-Resolution.

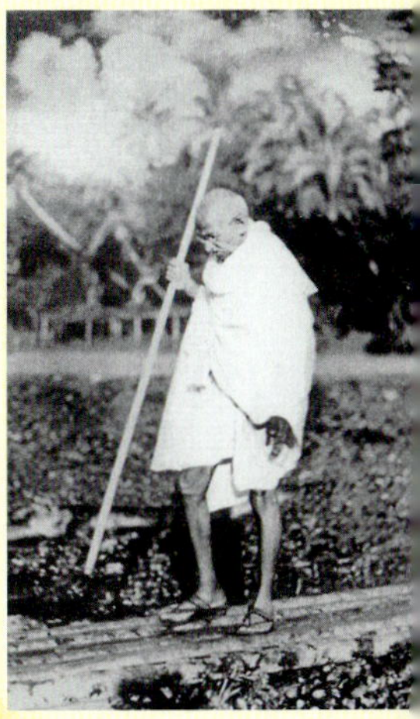

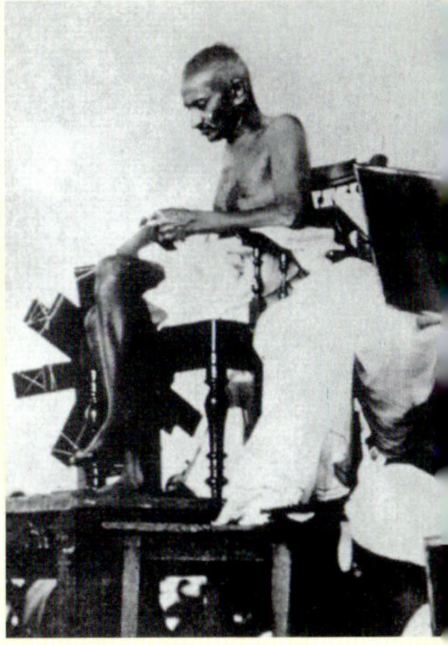

»Noch viel mehr als die Unabhängigkeit lagen ihm aber das Wohl und Wehe der vielen Armen seines Landes und der Kampf gegen die Sitte der Unberührbarkeit am Herzen. Dieser gewaltigen Aufgabe widmete er sich seit 1933 mit besonderer Hingabe, und doch musste er sie unvollendet an seine Nachfolger weiterreichen.«

(Thomas Friedrich)

Seite 74/75:
Von der Festung Meherangarh hoch über der Stadt schweift der Blick über das Häusermeer von Jodhpur. Die blau gestrichenen Häuser zeigten ursprünglich die Wohnungen von Angehörigen der Brahmanenkaste an.

Unten:
Jedes Jahr zum Vollmond im indischen Monat Kartikka (Oktober/November) verwandelt sich der Pilgerort Pushkar in einen lärmenden Rummelplatz. Von weither strömt die Landbevölkerung zur Mela, dem großen Kamelmarkt, zusammen. Zunächst reisen nur die Männer an, um rund um die Stadt nach einem geeigneten Quartier Ausschau zu halten und erste Kontakte zu pflegen.

Rechts:
Drei Tage vor Vollmond treffen dann die Frauen ein, um in farbenfrohen Gewändern an den Marktbuden zu kaufen, im heiligen See zu baden und in den Tempeln zu beten.

Unten:
Reich geschmückt, um die Wette geritten und stolz zur Schau gestellt, sind die Kamele die Hauptakteure der Pushkar Mela.
Für die Besucher des Spektakels steht eine eigens aufgestellte kleine Zeltstadt zur Verfügung.

Oben:
Tagelang hocken die Männer zusammen, um über dieses oder jenes Tier zu diskutieren und wortreich zu feilschen, ehe die Geschäfte abschließend getätigt werden.

Auf ihren Familienfesten lassen die ehemaligen Herrscher von Rajasthan ihre prunkvollen Traditionen wiederaufleben. Zur Feier des 50. Geburtstags Seiner Hoheit Rajveer Singhs II. von Jodhpur (ganz rechts) im Jahr 1997 fand sich alles ein, was in der exklusiven Gesellschaft der indischen Fürstenhäuser Rang und Namen hat (rechts und unten).

Links:
Der Eton- und Oxford-Zögling wurde nach dem Flugzeugabsturz seines Vaters 1952 bereits als Vierjähriger gekrönt und lebt heute eher zurückgezogen in einem 2000 Quadratmeter großen Apartment unter dem Kuppeldach seines Palastes in Jodhpur. Der größere Teil seiner Residenz wird als Luxushotel vermietet.

Rechts und unten:
Auch wenn Vermählungen in den Fürstenhäusern längst nicht mehr so aufwendig begangen werden wie in früheren Zeiten – die Hochzeit von Rajkumari Mriganka Singh, einer Nichte des Maharajas von Jodhpur im Jahr 1998 war ein Ereignis ersten Ranges.

Links:
Zur Gratulationskur trugen die erlauchten weiblichen Gäste ihren wertvollsten Juwelenschmuck.

Unten:
Die Pujas, die religiösen Zeremonien der Brautleute und Brauteltern, bildeten den feierlichen Abschluss.

Unten:
Die Außenwände der Palastgebäude sind Meisterwerke der Steinmetzkunst. Reich geschmückte Balkone, durchbrochene Erker und reich ornamentierte Gitterwerke aus Sandstein fangen auch den leisesten kühlen Windhauch ein.

Unten rechts:
Eine kompakte Palastanlage schließt das mächtige, 120 Meter über der Stadt Jodhpur gelegene Fort Meherangarh nach Süden hin ab. Der verschachtelte, mehrstöckige Komplex entstand im Lauf der Jahrhunderte in mehreren Bauetappen.

Rechts:
Ein Großteil der prächtig ausgestatteten Räume ist als Meherangarh-Museum der Öffentlichkeit zugänglich. Das Schlafgemach von Thakat Singh, der Jodhpur von 1843 -1873 regierte, ist verschwenderisch mit Bildern von Tänzerinnen, Szenen aus volkstümlichen Legenden und aus der Krishna-Mythologie bemalt.

Links:
Der Sheesh Mahal mit seinen Spiegeleinlegearbeiten zählt zu den schönsten Sälen des Juna Mahal, dem so genannten Alten Palast, in Dungarpur.

Links Mitte:
Von den Balustraden des Udai Bilas-Palastes in Dungarpur blickt man auf den Mogul-Garten im idyllischen See. Die im 13. Jahrhundert errichtete Stadt war ein bedeutendes Machtzentrum der Rajputen.

Zahlreiche Legenden ranken sich um den Rattentempel von Deshnoke. Die Nagetiere stehen unter dem besonderen Schutz der zauberkundigen Karni Mata, die bereits zu Lebzeiten im 14. Jahrhundert als Heilige galt und als Reinkarnation der Göttin Durga angesehen wird. Durch ein reich verziertes Tor aus Marmor gelangt man in den Innenhof, der mit einem Drahtgitter abgedeckt ist, um die Ratten vor Raubvögeln zu schützen.

Die Silbertüren zum Heiligtum wurden vom Maharaja von Bikaner, Sir Ganga Singh, gestiftet. Auf einer sieht man die Göttin mit dem Dreizack in der Hand und umringt von ihren Ratten. Karni Mata wurde von den Herrschern von Bikaner als Schutzgöttin verehrt, weil sie der Legende nach den Dynastiegründer Bika gesegnet und ihm ein erfolgreiches Leben prophezeit hatte.

In dem Heiligtum leben etwa 20 000 Ratten, die von Gläubigen mit Milch, Getreide und Süßigkeiten gefüttert werden. Die Verehrung der Tiere geht auf folgende Legende zurück: Eine Familie wandte sich einst an Karni Mata mit der Bitte, ihren verstorbenen Sohn wieder ins Leben zurückzurufen. Der Totengott Yama verweigerte jedoch seine Zustimmung. Daraufhin schwor Karni Mata in ihrem Zorn, niemals mehr einen aus ihrem Volk unter die Herrschaft Yamas kommen zu lassen. Stattdessen sollten die Menschen als Ratten wieder geboren werden, Vorstufen einer späteren Reinkarnation als fahrende Poeten. Die Wanderpoeten genossen in den Fürstentümern der Rajputen hohes Ansehen. Ihre vornehmlichste Aufgabe bestand darin, die ruhmvollen Taten der Herrscherfamilien zu preisen und die Erinnerung an sie über Generationen wachzuhalten.

Rechts und unten: *Als Kamelzüchter oder Schafhirten führen die Bewohner der wenigen Siedlungen im Umkreis der Wüstenstadt Jaisalmer (unten) ein halbnomadisches Leben. Während die Männer oft tagelang draußen in Hitze und Staub unterwegs sind, versorgen die Frauen (rechts) Haus und Kinder. Mehrtägige Kamelsafaris für Touristen bieten ein willkommenes Zubrot. Bei Anbruch der Nacht wird für die Teilnehmer ein provisorisches Lager unter freiem Himmel aufgeschlagen.*

Unten:
Sanddünen findet man in der Wüste Thar nur selten. Der größte Teil der heißen Trockenzone an der Grenze zu Pakistan ist mit einer spärlichen Vegetation aus widerstandsfähigen Gräsern, Dornbüschen und weit verstreuten Akazien bedeckt.

Unten Mitte:
Die Frauen müssen oft viele Kilometer zurücklegen, um an den Brunnenlöchern Wasser zu holen. Vor dem Heimweg werden Familienangelegenheiten besprochen und der neueste Dorfklatsch ausgetauscht.

Ganz unten:
Ein schattiger Pferch aus Dornbüschen und trockenen Gräsern schützt die neugeborenen Lämmer tagsüber vor der sengenden Sonne.

Unten:
Zyklopische Mauern mit 99 Bastionen schützen die Wüstenfestung Jaisalmer. Um den 80 Meter hohen Felsen gründete der Rajputen-fürst Jaisal 1156 auf der Flucht vor islamischen Eroberern seine neue Hauptstadt. Aus dieser Keimzelle entwickelte sich ein bedeutendes und oft umkämpftes Handelszentrum zwischen Nordindien und dem Arabischen Meer.

Rechts: *Der Reichtum von Jaisalmer gründete sich auf den Karawanenhandel. Kaufleute aus dem Vorderen Orient, aus Westafrika und aus dem Iran brachten Säbel und Schwerter aus Damaskus, Trauben und Nüsse aus Afghanistan, die süßen Weine aus Shiraz und schnelle Pferde aus Balkh, um sie gegen Gewürze, seltene Vögel , Edelsteine und fein gewobene Brokatstoffe einzutauschen.*

Unten:
Kaufleute und Fürstenberater von Jaisalmer errichteten prächtige Havelis (abgeschirmte Häuser mit Innenhof) aus goldgelbem Sandstein. Der einflussreiche Minister Salim Singh baute 1815 einen Wohnpalast mit blauen Kuppeln und einer arkadengesäumten Galerie im obersten Stockwerk, der wegen seiner Form auch Jahaz Mahal, Schiffspalast, genannt wird.

Rechts:
Die Kunst der Silavats, der Steinschneider von Jaisalmer, war im 18. und 19. Jahrhundert unübertroffen. Der fünfstöckige Patvon-ki-Haveli mit seiner reich verzierten Sandsteinfassade und zahlreichen Erkern nimmt einen ganzen Straßenzug ein. Patvas hießen die Kaufleute, die mit Brokat, Gold- und Silberstickereien, Pailletten und Bändern handelten.

Links:
Geschützt vor den Blicken der Neugierigen entfaltete sich in den kühlen Innenhöfen der Havelis das Familienleben der Reichen und Mächtigen.

Oben:
Die meisten der heute oft vom Verfall bedrohten Havelis sind noch immer bewohnt. Viele können auch gegen ein geringes Entgelt besichtigt werden, eine kleine Hilfe für ihre Besitzer, um dringend notwendige Renovierungsarbeiten durchführen zu können.

Rechts:
Nach der Eroberung von Chittaurgarh im Jahr 1567 verlegte der Rajputenfürst von Mewar, Udai Singh, seine Residenz nach Udaipur. Hier, in der Halbwüste der Aravalli-Berge, bauten seine Nachfolger die Stadt mit märchenhaften Palästen und üppigen Gärten an vier künstlich angelegten Seen zu einem »Venedig des Ostens« aus. Ein Teil des Stadtpalastes am Pichola-See dient dem Maharaja Arvid Singh noch heute als Wohnsitz. Auf einer Insel wurde 1754 der Seepalast Jag Niwas errichtet, heute eines der luxuriösesten Hotels von ganz Indien.

Links:
Der größte Teil des Stadtpalastes von Udaipur ist als Museum der Öffentlichkeit zugänglich. Das »Shiv Nivas Palace Hotel« im Südflügel ist kaum weniger nobel als das »Hotel Lake Palace« im Seepalast. Durch die Arkadenbögen der Bar hat man einen weiten Blick über den Pichola-See.

Ganz links:
Mehr als 3 Millionen Menschen in Indien bekennen sich zum Jainismus. Ihre bedeutendsten Heiligtümer liegen auf hohen Bergen, von denen die Furtbereiter des Religionsstifters in den Himmel entrückt worden sein sollen.
Der 1032 geweihte Vimala-Vasahi-Tempel ist der älteste der jainistischen Dilwara-Tempelgruppe in Mount Abu. Allein um die weißen Marmorblöcke auf 1200 Meter Höhe zu schaffen, waren 1200 Arbeiter 14 Jahre lang beschäftigt.

Der 590 Meter hohe Mount Shatrumjaya bei Palitana in Gujarat ist einer der vier heiligsten Berge der Jains. Mehr als 3700 Stufen führen hinauf zu den 105 großen und 815 kleinen Tempeln.

Zu den bedeutendsten Zeugnissen der Jain-Architektur zählt auch die Tempelanlage von Ranakpur in Rajasthan. Geweiht ist sie dem ersten Furtbereiter Adinatha, dessen Mutter zusammen mit dem Tempelstifter Daranashah auf einem Elefanten aus weißem Marmor reitet.

ZENTRALINDIEN

Beinahe vollständig erhalten ist der Lakshmana-Tempel in Khajuraho, erbaut zwischen 930 und 950.

Kriegs- und Jagdszenen aus der Mythologie des Gottes Vishnu beherrschen die Friese im Sockelbereich.

Fast den gesamten nördlichen Teil des trockenen und heißen Hochplateaus Dekhan bedeckt Madhya Pradesh, übersetzt »das mittlere Land«. Ujjain, am rechten Ufer des Shipra, ist alle zwölf Jahre Schauplatz des »Kumbh Mela«, des größten Pilgerfestes gläubiger Hindus. In Gwalior, am Nordrand des Dekhan, zeugt eine der mächtigsten Bergfestungen der Welt von jahrhundertelangen erbitterten Kämpfen. Die mehr als tausendjährigen Tempel von Khajuraho verdanken ihren Weltruhm keineswegs allein ihren figurenreichen erotischen Darstellungen.

Lange sandige Strände und üppige Palmenhaine säumen die Küste von Orissa am Golf von Bengalen. Im Dreieck zwischen der Hauptstadt Bhubaneswar und den Küstenstädten Konark und Puri zeugen reliefgeschmückte Tempel von der Blütezeit hinduistischer Königreiche, die im 7. Jahrhundert begann und bis zur Unterwerfung durch die Mogulherrscher im 16. Jahrhundert andauerte.

Andhra Pradesh, am Golf von Bengalen, wurde aus dem ehemaligen islamischen Fürstenstaat Hyderabad und den Telugu sprechenden, mehrheitlich hinduistischen Teilen des früheren Madras gebildet. Die Nizams von Hyderabad regierten bis zum Ende der britischen Kolonialherrschaft beinahe unabhängig und wurden zum Inbegriff für den märchenhaften Reichtum indischer Maharadjas.

Nirgendwo prallen die Gegensätze Indiens krasser aufeinander als in Bombay (Mumbai). Die Hauptstadt von Maharashtra ist Indiens Metropole der Banken und Konzerne, der Wolkenkratzer und Slums mit unvorstellbarem Elend. Jenseits der steil aufsteigenden Westlichen Ghats findet man in Tafelbergen nördlich von Aurangabad die einzigartigen Kulturzeugnisse der Höhlentempel von Ajanta und Ellora – mit unvorstellbarer Geduld seit dem 2. Jahrhundert v. Chr. von Mönchen dreier Religionen – des Buddhismus, Hinduismus und Jainismus – aus dem blanken Fels gemeißelt.

Linke Seite oben: *Eines der ältesten Heiligtümer Khajurahos ist der Matangeshvara-Tempel aus dem frühen 10. Jahrhundert. Die Gläubigen verehren hier Gott Shiva in Form eines zweieinhalb Meter hohen, polierten Lingams.*

Linke Seite, unten links: *Beim Betreten des Tempels läuten die Gläubigen zu Ehren Shivas eine der kleinen Glocken, die im Eingangsbereich hängen.*

Linke Seite, unten rechts: *Ein Mönch verlässt nach vollzogener Gottesverehrung den Tempel. In der einen Hand hält er ein „kamandal", ein Gefäß für geweihtes, reinigendes Wasser.*

Links, oben und unten: *Es gibt heutzutage kaum mehr einen heiligen Ort in Indien ohne ein gut organisiertes Meditationszentrum. Im »Bagwan Meditation Camp« bei Khajuraho finden nicht nur westliche Besucher spirituelle Anregungen bei der Suche nach einer Sinngebung ihres Lebens.*

Mehr als tausend Züge werden täglich im Victoria Terminus von Bombay abgefertigt. Der Kolonialbau des britischen Architekten F. W. Stevens wurde 1887 zum 50. Thronjubiläum von Königin Victoria eröffnet und stellt eine Symbiose von britischer Backsteingotik mit indischen Kuppeln und Türmen dar.

Links:
Nirgendwo auf der Welt werden mehr Filme produziert als in Indien. Allein in den Studios von »Bollywood« in Bombay entstehen jedes Jahr mehr als 250 rührselige Schinken. Ihr Strickmuster aus Aktion, Tanz, Musik und romantischen Histörchen wird von gebildeten Indern als »Masala« (Bezeichnung für Gewürzmischungen) verspottet.

Oben Mitte:
Der Triumphbogen des Gateway of India in Bombay wurde 1911 zur Krönung Georgs V. zum Kaiser von Indien erdacht. Fertig gestellt wurde er allerdings erst 1924.

Oben:
Eng und heiß ist es in öffentlichen Omnibussen. Inder tragen auch dieses Päckchen mit Gelassenheit.

I N D I E N S   G Ö T T E R

Links:
Der Gott Vishnu als Jaganath, als Herr der Welt, wird auch im Jagdish-Tempel von Udaipur, erbaut 1651 von Maharana Jagat Singh, verehrt.

Unten:
Bildnisse der Furtbereiter von Mahavira beherrschen die Jain-Tempel in der Festung von Jaisalmer. Die ursprünglich buddhistische Idee der Heiligenverehrung hat auch in die anderen indischen Religionen Eingang gefunden.

Rechts:
Auf einer Insel im Gadi Sagar bei Jaisalmer pflegt eine Gebetsgemeinschaft die Verehrung von Shiva. Das hölzerne Kultbild eines Lingam unter einem Baum ist selbst gebaut und liebevoll verziert.

Als der Held Arunja in einer Szene des »Bhagavadgita« in den Rachen des Gottes Krishna blickt, stellt er voll Stauen fest: »Ich sehe alle Götter, oh Gott, in deinem Körper, ebenso Scharen verschiedener Wesen [...] ich sehe von dir weder ein Ende, noch eine Mitte, noch einen Anfang...«. Wie der Kreislauf der Wiedergeburten nach hinduistischem Glauben das Schicksal der Menschen bestimmt, so gehört das Übergehen von einem Körper in einen anderen auch zum Wesen ihrer Götter. Blickte Arunja heute in den Rachen Krishnas, so könnte er darin unter anderem Jagannath im Tempel von Puri erblicken, der ursprünglich ein alter Fischergott am Golf von Bengalen war, bis ihn sich Krishna buchstäblich einverleibte. Nach der Legende erschien einst der Gott Vishnu dem König Indradyumna von Orissa im Traum und gebot ihm, ein Bildnis von Jagannath anfertigen zu lassen, um darin die Gebeine Krishnas zu bergen. Shri Jagannath (»der Herr der Welt«) ist wegen seiner sehr menschlichen Züge einer der volkstümlichsten Götter des Hinduismus. Jeden Tag werden dem Bild der Gottheit bei sieben Mahlzeiten 56 köstliche Speisen dargeboten. Mehrmals täglich wird es umgekleidet, gebadet und geschmückt. Sogar die Zähne werden geputzt. Im heißen Juni unternimmt Jagannath zusammen mit seiner Gemahlin Lakshmi eine Bootsfahrt und erkältet sich beim anschließenden Bad, so dass er zwei Wochen lang das Bett hüten muss. Kaum genesen, bricht er in Anlehnung an Krishnas mythische Reise von Gokul nach Mathura auf, um seinen Onkel mütterlicherseits im Tempel von Gundicha-Chara zu besuchen. Tausende von kräftigen Männern sind notwendig, um beim berühmten Wagenfest »Rath Yatra« das riesige Gefährt von der Stelle zu bewegen. Wenn der Gott nach neun Tagen verspätet zurückkehrt, empfängt ihn eine zürnende Gattin, die sich erst nach heftigem Wortwechsel versöhnen lässt.

– DIE WAHRHEIT MIT DEN TAUSEND NAMEN

Rechts unten:
Unter dem uralten Banyan-Baum neben dem Shiva-Tempel in Pushkar versammeln sich die Frauen während des religiösen Festes Mela, um für ihr Familienglück zu opfern und zu beten.

Rechts oben:
Indische Religionen kennen keine Berührungsängste: Jainistische Pilgerinnen in Mount Abu am Hindu-Tempel des elefantenköpfigen Glücksgotts Ganesha.

Jagannath ist nur eine Form derselben, vielgestaltigen und bilderreichen Wahrheit des Hinduismus. Ab etwa 500 v. Chr. verschmolz der vedisch-brahmanische Kult der Aryas (Arier) mit zahlreichen Stammesreligionen der unterworfenen Völker zum jüngeren Hinduismus. Von den alten Göttern überlebten nur diejenigen, die genügend Spielraum zur Weiterentwicklung ließen. Im zweiten und dritten Jahrhundert unserer Zeitrechnung kristallisierten sich drei theologische Hauptrichtungen heraus.

Die »Vaishnavas« oder Vishnuiten sehen Vishnu – ursprünglich eine untergeordnete Sonnengottheit – als höchstes Wesen und absoluten Gott an, der sich periodisch in verschiedenen Formen inkarniert.

Er verkörpert die Erhaltung des Universums, das Licht und die Güte und wird meist mit Lotos und Muschel, Rad und Keule dargestellt. Sein Reittier ist der Sonnenadler Garuda. Als seine Hauptgemahlin wird Lakshmi verehrt, die für Schönheit, Glück und Fruchtbarkeit steht. Seine zehn Inkarnationen bilden den Stoff ungezählter Mythen und Legenden. Das Ramayana-Epos erzählt seine Taten als Kriegerheld Rama. Die populärste Inkarnation Vishnus und der beliebteste Gott Indiens überhaupt ist der dunkelhäutige Hirtengott Krishna, der Held des Mahabharata-Epos.

Die »Shaivas« oder Shivaiten verehren Shiva als höchste Macht des Alls, der sich in zahlreichen Aspekten unter ebenso vielen Namen offenbart. In seiner Gestalt verschmolzen zahlreiche uralte Lokalgötter mit der kriegerischen Gestalt des vedischen Sturmgottes Rudra. Er gilt als Gott der Erhaltung und der Zerstörung, steht für Tod und Wiedergeburt, Milde und schrecklichen Zorn. Seine Lebenskraft wird häufig im Phallussymbol des »Lingam« verehrt. Shiva ist dreiäugig; zu seinen häufigsten Attributen gehören Dreizack und Trommel; sein Reittier ist der Bulle Nandu. Besonders verehrt wird Shiva von Saddhus und Asketen, die sein Auge der Weisheit, symbolisiert durch drei waagrechte Striche, auf der Stirn tragen. Shivas Gemahlin Parvati wird in vielen verschiedenen Gestalten verehrt, in die Züge uralter Muttergottheiten eingegangen sind, mit fließenden Übergängen zur schrecklichen Dämonentöterin Durga oder Kali, der schwarzgesichtigen Göttin den Todes. In der Volksfrömmgkeit außerordentlich populär ist ihr Sohn, der elefantenköpfige Ganesh, der Glück, Reichtum und Erfolg verspricht.

Außerdem hat das Hindu-Pantheon auch eine stark matriarchalische Komponente, die in gewissen Zeiten sogar dominierte. Die »Shaktas« und verschiedene tantrische Sekten sehen das Urprinzip der Welt als weiblich an.

Gleichzeitig mit den Hochgöttern sind unzählige kleine Götter aufgestiegen – Dorfgötter, Göttinnen von Verbrennungsplätzen, Tempeln und Grabhügeln sowie gegen bestimmte Krankheiten, Dämonen, Tier- und Baumgeister kamen zu ihrem Recht. Ein buntes Götterbild, geschmückt mit frischen Blumen, beschützt jeden Omnibus in Indien, und wenn unterwegs gelegentlich ein lautes Hupen tönt, so gilt es meistens nicht dem Gegenverkehr – es ist der Gruß an einen nahen Brückengott.

Oben und rechts:
Bis ins 6. Jahrhundert n. Chr. war der buddhistische Glaube die vorherrschende Religion in Indien. Die bedeutendsten Kulturdenkmäler aus dieser Zeit sind die Höhlenklöster und Tempel von Ajanta und Ellora in den Bergen von Maharashtra. In Ajanta (rechts) meißelten buddhistische Mönche zwischen 200 v. Chr. und 650 n. Chr. fünf Tempel und 24 Klöster aus dem Basalt der 76 Meter hohen Waghora-Schlucht. Die sieben Meter lange Figur in der Höhle 26 (oben) zeigt den sterbenden Buddha mit geschlossenen Augen beim Eingang ins Nirwana.

Links:
Die Höhlen von Ellora wurden erst gebaut, nachdem die Höhlenklöster von Ajanta aufgegeben waren. Neben 12 buddhistischen gibt es hier auch 17 hinduistische und 5 jainistische Tempel.
Die Vishwakarma-Höhle (links) mit einem Bildnis des lehrenden Buddha aus dem 7. Jh. ist die einzige Tempelhöhle der buddhistischen Gruppe.

Unten:
Der Kailasa-Tempel aus der Mitte des 8. Jh. ist nach dem heiligen Berg Kailash im Himalaya benannt, dem Wohnort des hinduistischen Gottes Shiva.
Ein Steinelefant bewacht den Hof zum Eingang des Heiligtums.

Wagenwäsche in einem kleinen Fluss bei Bhubanesvar. Die Fahrerkabinen indischer Lkw sind kunstvoll bemalt und meist aufwendig geschmückt. Fast nie fehlt ein Götterschrein mit Speiseopfern und frischen Blumen.

Den Frisören in Bhubanesvar genügt ein schattiges Plätzchen am Wasserspeicher als Salon. Der gekonnte Haarschnitt ist nur das Pflichtprogramm ihres Handwerks, den krönenden Abschluss und sozusagen die Kür bildet eine ausgiebige Kopfmassage.

Die Kuh gilt dem frommen Hindu zwar als heilig, die Verehrung geht jedoch nicht so weit, dass das Tier von der Arbeit entbunden wird. Vor den Pflug oder das Treibwerk von Schöpfrädern zur Feldbewässerung gespannt, sind Rinder bei der landwirtschaftlichen Nutzung der Böden seit Jahrtausenden unentbehrlich.

Die Schweineherde bei Bhubanesvar bietet Anlass zum ungläubigen Staunen, denn Schweine gelten Hindus und Moslems als unreine Tiere. Im Bundesstaat Orissa gehören jedoch 25 Prozent der Bevölkerung Stammesgruppen der Ureinwohner an, die häufig noch animistischen Religionen anhängen.

Links:
Hoch über dem Häusermeer der Millionenstadt Gwalior erhebt sich der zwischen 1486 und 1516 von Raja Man Singh erbaute Man Mandir Palast in den Morgenhimmel. Aufgrund seiner ungewöhnlichen Kachelverzierung und den halbrunden Bastionen zählt er zu den Höhepunkten rajputischer Architektur.

Links unten:
Ein herausragendes Beispiel für den indo-islamischen Mischstil ist der Jahangir Palast in Orcha, das einst Hauptstadt der Herrscher der Bundela Dynastie gewesen ist. Der Palast wurde nach dem gleichnamigen Mogul-Herrscher Jahangir benannt, der hier eine Nacht verbracht haben soll.

Unten:
Am Westtor des Großen Stupas von Sanchi, eines der in die vier Himmelsrichtungen weisenden Tore, sind wie bei den übrigen Toren auch Szenen aus den früheren Leben des Buddha, sowie des historischen Shakyamuni dargestellt und erläutern die Geschichte der Lehren Buddhas.

Unten:
Der Tempel von Konark aus dem 13. Jahrhundert ist dem Sonnengott Surya geweiht. Der Hauptbau stellt den Sonnenwagen mit 24 gigantischen Steinrädern im Sockel dar, vor den sieben riesige Pferde gespannt sind. Die gesamte Anlage ist mit meisterlichen Flachreliefs bedeckt: Tierfiguren und detailreiche Darstellungen von Göttern, Nymphen und Tänzern.

Links:
Die Grabmäler der Rajputen-Herrscher am Ufer des Betwa erinnern an die glanzvolle Vergangenheit von Orchha, das bis 1783 die Hauptstadt eines mächtigen Fürstentums war. Die ehemalige Residenzstadt mit ihren Tempeln und Palästen liegt heute wie im Dornröschenschlaf.

Links:
Der Kandariya Mahadeva-Tempel, um 1030 erbaut und dem Gott Shiva geweiht, gilt als Höhepunkt der Tempelarchitektur in Khajuraho. Der 22 Meter hohe Turm über dem Hauptheiligtum, Verkörperung des mythischen Berges Meru und der Weltachse, ist über und über mit himmlischen Nymphen, Tänzerinnen, Göttern und Dämonen bedeckt und vermittelt den Eindruck eines lebendigen Gebirges der Menschen- und Götterwelt.

Unten:
Die Außenwände des Lakshmana-Tempels in Khajuraho quellen über von figürlichen und ornamentalen Darstellungen: Kriegs- und Jagdszenen sowie erotische Posen mit anmutigen Nymphen.

Ganz unten:
Das Jagati-Fries läuft um die gesamte Plattform des Lakshmana-Tempels. Der Tanzlehrer mit seinen Schülerinnen und Schülern ist auf einer Szene an der Südseite abgebildet.

Links:
Der große Lakshmana-Tempel in Khajuraho wurde um 950 erbaut und ist dem Halbbruder Ramas geweiht, der siebten Inkarnation des Gottes Vishnu. Im Versepos Ramayana ist Lakshmana der wichtigste Helfer Ramas bei der Befreiung Sitas aus der Gefangenschaft des in Sri Lanka hausenden Dämonenkönigs Ravana.

DER SÜDEN –

Das einzige Problem, das sich den Besuchern von Goa stellt, ist, welchen der zahlreichen berühmten Strände sie auswählen sollen. Die Küste bei Baga genießt den Ruf, noch nicht vollständig vom Massentourismus überrollt zu sein.

Die vier Bundesstaaten an der Südspitze des indischen Subkontinents, Karnataka, Kerala, Tamil Nadu und das kleine, bis 1961 portugiesische Goa sind für viele Besucher das »wahre« Indien. Die hinduistischen Reiche des Südens entwickelten eine eigene Formenwelt der Götter und Tempel. Wunderbare Sandstrände und Kokospalmenhaine säumen die Küsten, die Randgebirge der Östlichen und Westlichen Ghats warten mit tropisch feuchten Dschungelgebieten und erfrischenden Bergregionen auf.

Die Überreste der früheren Hauptstadt Velha Goa (Alt-Goa) mit ihren einst prächtigen Kirchen und Klöstern vermitteln noch heute einen tiefen Eindruck von der einstigen Herrlichkeit des portugiesischen Vizekönigreichs.

Hinduistische Königreiche und islamische Eroberer prägten die wechselvolle Geschichte Karnatakas. Die Hauptstadt Bangalore ist heute das Zentrum der indischen Computer- und Raumfahrtindustrie. Glanzstücke hinduistischer Baukunst sind die ehrwürdigen Tempel in Badami oder Halebid. Bijapur, Gulbarga und Bidar waren einst Machtzentren islamischer Sultane. Das alte Mysore mit seinem glanzvollen Palast ist noch heute Wohnsitz der einst regierenden Maharajas.

Reisfelder, Mangobäume und Kokospalmen säumen den schmalen Küstenstreifen Keralas. Ein Kanal verbindet die Hafenstadt Cochin (Kochi) mit dem Binnenwassersystem der »Backwaters«, die sich über 1920 Kilometer bis zur Hauptstadt Trivandrum im Süden hinziehen.

In Tamil Nadu erheben sich aus sonnendurchfluteten Palmenhainen die Heiligtümer von Kanchipuram, Tiruchirappalli, Thanjavur und Madurai, die zum Inbegriff südindischer Tempelbaukunst wurden. Von Madras (tamilisch: Chennai) im Norden, der viertgrößten Stadt Indiens, zieht sich die Koromandelküste bis zum Kap Comorin, wo sich die Wasser des Arabischen Meers, des Golfs von Bengalen und des Indischen Ozeans vermischen.

TEMPELTÜRME UNTER KOKOSPALMEN

Unten:
Während der Eisnachschub für kühle Getränke anrollt, machen sich die Strandwächter fit für kommende Aufgaben. Der Kovalam Beach südlich von Thiruvananthapuram in Kerala ist der beliebteste Badeort für Touristen in Südindien.

Rechts:
Die Backwaters hinter der Küste von Kerala ziehen sich von Kochi (Cochin) bis Thiruvananthapuram (Trivandrum) im Süden hin und bilden ein zusammenhängendes System von Kanälen, Flüssen und Seen von fast 2000 Kilometern Länge.

Oben und oben Mitte:
Ein unvergessliches Erlebnis ist eine Fahrt mit dem Hausboot über die Backwaters. Schmale Kanäle weiten sich zu Seen; zwischen den kleinen Dörfern unter Palmen begegnet man immer wieder kleinen Fährbooten sowie Fischern und Bauern auf schmalen Kähnen oder mächtig beladenen Lastseglern.

INDISCHE KÜCHE – KEIN

Wer ausschließlich in renommierten Hotels speist, verpasst nicht nur einen wichtigen Teil der indischen Wirklichkeit, er versäumt auch eine kulinarische Entdeckungsreise, die auf der Welt ihresgleichen sucht. Allein aufgrund der Vielfalt regionaler Traditionen und der überreichen Tafel, die die üppige Natur gedeckt hat, verfügt die indische Küche über ein unerschöpfliches Reservoir an Überraschungen und Köstlichkeiten.

Obwohl vegetarische Nahrung bei weitem überwiegt, sind entgegen der landläufigen Meinung nicht alle Inder strenge Vegetarier. Vor allem in Nordindien sind auch Fleischgerichte verbreitet, allerdings ausschließlich aus Hammel und Huhn, da Rindfleisch für Hindus tabu und Muslimen der Verzehr von Schweinefleisch verboten ist. In Nordindien wird auch wesentlich mehr Getreide und Brot gegessen als im heißen Süden, wo Reis die Grundlage fast aller Gerichte bildet und die Speisen wesentlich schärfer gewürzt werden.

Links und unten:
Die Auswahl an Gewürzen, Früchten, Blüten und Nüssen in indischen Gewürzläden ist schlechthin überwältigend. Kreuzkümmel, Zimt, Muskat, Safran, Nelken Kardamom und Koriander – wer zählt die anderen Namen und kennt die Aromen, die auf den Gewürzmärkten gleich säckeweise feil gehalten werden?

Curry ist in Indien mitnichten das gelbe Pulver, das der westliche Besucher von zu Hause kennt; das Wort (tamilisch: »Kari«) bezeichnet ganz allgemein die raffinierten Soßen und Beilagen, die dem Reis erst Geschmack und Substanz verleihen. In Südindien, wo fast ausschließlich vegetarisch gegessen wird, handelt es sich meist um unterschiedlichste Gemüsearten, Früchte und Blüten, die mit frischen Kräutern und Gewürzen – süß oder sauer, weniger scharf oder ganz scharf – zubereitet werden, es gibt aber auch Currys mit Huhn oder Fisch. Curry kann also alles Mögliche sein, die Zutaten sind aber immer in ausgelassener Butter, dem »Ghee«, geschmort. Ghee hat zudem den nicht zu verachtenden Nebeneffekt, die Schärfe von Chili zu lindern. Der eigentliche Pfiff ist die »Masala«, die Gewürzmischung, die jeder Koch und jede Hausfrau nach eige-

E ANGST VOR SCHARFEN SACHEN!

Rechts:
Mit Gemüse gefüllte Teigtaschen unter verschiedenen Bezeichnungen werden in jeder typischen indischen Küche hergestellt.

Ganz rechts:
Wo sich Fernfahrer am Straßenrand stärken, dürfen die Grundnahrungsmittel der indischen Volksküche nicht fehlen: Chapatis und Dhal, gewürzt mit roten Zwiebeln und Curd, einem leckeren Joghurt.

nem Rezept aus bis zu 25 verschiedenen Zutaten herstellt und die in ungezählten Varianten die Seele der gesamten indischen Küche darstellt. Wenn Zunge und Gaumen brennen, bringt ein frisches Glas »Lassi«, ein leckeres Joghurtgetränk, Kühlung und Linderung.

Beileibe nicht alle Gerichte in Indien sind Currys. Mittlerweile in ganz Indien beliebt und bekannt ist der »Thali«, der ursprünglich aus Südindien stammt. Der Name ist eigentlich die Bezeichnung für den besonderen Teller mit einer Anzahl kleinerer Vertiefungen oder getrennter Schalen, in denen unterschiedlich zubereitete Gemüsegerichte und andere Leckereien zu Reis und verschiedenen Soßen serviert und nach Wunsch immer wieder nachgefüllt werden. Eine nordindische Spezialität ist die Zubereitung im »Tandoor«, dem Lehmofen, in dem das gewürzte und oft marinierte Fleisch

von Fisch, Huhn und Lamm der schmackhaften und meist nicht ganz so scharf gewürzten »Tandooris« gegart wird. Eine andere Linie der anspruchsvollen Küchentradition in Nordindien geht auf die Moguln zurück. Unter den »Muglai« genannten Leckereien gibt es Lammfleisch in cremigen Soßen oder »Biriyanis«, üppige, safrangesättigte Reistafeln mit Eiern, Lamm und Geflügel, Rosinen, Nüssen und anderen Früchten. Das Volksnahrungsmittel schlechthin ist »Dhal«, ein dicker, proteinreicher und nahrhafter Linsenbrei. Dhal wird zu fast allen Speisen serviert, egal ob es ein raffiniertes Festmahl ist oder eine ganz einfache Mahlzeit am Straßenrand.

Den Hauptpart, den in Südindien der Reis im Konzert der Gaumenfreunden spielt, übernehmen in Nordindien zahlreiche Sorten von Fladenbrot. Sie werden als Basis oder Beilage zu fast allen Mahlzeiten gereicht. Die minimalistische Grundform ist der »Chapati«. Er besteht nur aus Wasser und Weizenmehl und wird in der heißen Pfanne gebraten. Fügt man Butter hinzu, wird daraus ein »Paratha«, in schwimmendem Fett ausgebacken entsteht ein »Poori« und, über offenem Feuer geröstet, bläht er sich zum »Roti« auf. Ein Brotteig aus Linsen wird »Dosa«genannt. Er wird besonders gern als Hülle um gut gewürzte Gemüsehappen gewickelt, die als »Masala Dosa« – kalt oder warm – in unzähligen kleinen Garküchen am Straßenrand angeboten werden und bei jedermann als kleiner Imbiss zwischendurch beliebt sind. Überhaupt sollte man gerade dort, wo oft nur ein, zwei Töpfe in einem unansehnlichen Bretterverschlag brodeln, nicht achtlos vorübergehen. Dort findet man die kleinen Schätze der indischen Volksküche – »Samosa« etwa, dreieckige Teigtaschen, gefüllt mit Curry-Gemüse, oder »Pokaras«, gekühlte Gemüsehäppchen in einem Rührteig aus Kichererbsen und alle möglichen kleinen Überraschungen zum Naschen und herzhaften Probieren, das im Zweifel alle Mal über das Studieren geht.

Wenn von den kleinen Gaumenfreuden die Rede ist, darf ein Hinweis auf die unzähligen Desserts und Zuckerbäckereien nicht fehlen, denn Inder essen gerne Süßes. Da gibt es zum Beispiel »Gulub Jamuns« aus eingedickter Milch mit Kardamom und Rosenwasser, frittierte Teigringe, die »Jalebis« genannt werden, oder »Halva« aus Sesam und Mandeln. Mit Zucker und Sirup wird nicht gespart und viele der süßen Kostbarkeiten tragen ein glitzerndes Kleid aus hauchdünnem Silberpapier. Man braucht sie nicht einmal auszuwickeln, denn die glänzende Hülle ist essbar.

Rechts:
Zwei riesige Torwächter flankieren den Eingang zum Hoysalesvara-Tempel in Halebid, das zwischen dem 11. und 13. Jahrhundert Hauptstadt eines Reichs der Hoysala-Dynastie im heutigen Bundesstaat Karnataka war.

Unten:
Bis zur Unabhängigkeit war Mysore die Hauptstadt eines unabhängigen Fürstentums. Der weitläufige Palast wurde erst 1897 im indo-sarazenischen Stil erbaut.

Oben:
Sravanabelagola im Bundesstaat Karnataka ist einer der ältesten Pilgerorte der Jains. Das wichtigste Heiligtum ist die 17 Meter hohe Statue des Gottes Bahubali auf der Spitze des Indragiri Hill, die aus einem einzigen Monolithen gehauen ist.

Links:
Mit Blumengirlanden behängt und ständig von Pilgern umgeben, steht die fünf Meter hohe Monumetalplastik des Bullen Nandi am Weg zum Gipfel des Chamundi Hill über Mysore.

Rechts:
Übersät mit leuchtend bunt bemalten Figuren sind die bis zu 48 Meter hohen Gopurams, die neun Tempeltürme des Shree Meenakshi-Tempels in Madurai (Tamil Nadu). Benannt ist das Heiligtum aus dem 17. Jahrhundert nach der Tochter eines Königs der Pandya-Dynastie, die der Legende nach drei Brüste trug, bis sie Sundareshvarar, eine Inkarnation Shivas, zur Gemahlin erwählte.

Unten:
Durch Wind und Salzwasser bereits stark erodiert ist der Küstentempel von Mahabalipuram (Mamallapuram) aus dem 7. Jahrhundert. Er entstand zur Zeit der größten Machtentfaltung der Pallava-Könige und ist Shiva und Vishnu geweiht. Ein moderner Wellenbrecher schützt heute das zum Weltkulturerbe erklärte Denkmal.

Ganz links:
Nach einem Helden aus dem Epos Mahabharata wird das riesige Flachrelief in der Wand einer Felsklippe bei Mahabalipuram »Arjunas Buße« genannt. Es stellt die mythische Herabkunft des Ganges vom Götterhimmel dar.

Links:
Der Tempelelefant segnet die Besucher des Brihadeshvara-Tempels in Thanjavur (Tanjore).

REGISTER

AFGHANISTAN
Hindukusch
Karakorum
Kunlun Shan
Gilgit
Kabul
JAMMU & KASHMIR
Srinagar
Leh
Indus
CHINA (TIBET)
Jammu
HIMACHAL PRADESH
Lahore
Amritsar
Jullundur
Ludhiana
Chandigarh
PUNJAB
Patiala
Ambala
Dehra Dun
PAKISTAN
HARYNA
Saharanpur
Muzaffarnagar
Meerut
Rohtak
Delhi
New Delhi
Moradabad
Rampur
Ganges
Bareilly
Shahjahanpur
Aligarh
Agra
UTTAR PRADESH
Himalaya
Brahmaputra
Lhasa
NEPAL
Kathmandu
Thar Desert
Bikaner
RAJASTHAN
Alwar
Jaipur
Jodhpur
Ajmer
Chambal
Gwalior
Kanpur
Lucknow
Faizabad
Gorakhpur
SIKKIM
Siliguri
BHUTAN
ARUNACHAL PRADESH
Dibrugarh
ASSAM
Guwahati
NAGALAND
MEGHALAYA
MANIPUR
Imphal
Jhansi
Allahabad
Varanasi
Mirzapur
Patna
Monghyr
Bihar
Bhagalpur
BANGLA-DESH
Dhaka
TRIPURA
MIZORAM
Udaipur
INDIEN
BIHAR
Sagar
Ahmadabad
Jamnagar
Nadiad
Ratlam
Ujjain
Bhopal
Jabalpur
Asansol
Durgapur
Ranchi
Burdwan
Rajkot
Vadodara
Indore
Jamshedpur
Howrah
Bhatpara
Calcutta
MADHYA PRADESH
Bhaunagar
Bharuch
Narmada
Raurkela
Kharagpur
WEST BENGAL
GUJARAT
Bilaspur
MYANMAR
Surat
Burhanpur
Dhule
Jalgaon
Amrawati
Nagpur
Raipur
ORISSA
Akola
Nasik
Cuttack
Aurangabad
Bhubaneswar
Thana
Ulhas-nagar
Mumbai (Bombay)
Ahmadnagar
Nander
Pune
Berhampur
Nizamabad
Godavari
MAHARASHTRA
Sholapur
Warangal
Gulbarga
Hyderabad
Vishakhapatnam
Rajahmundry
Golf von Bengalen
Kolhapur
Bijapur
Kakinada
Vijayawada
Guntur
Krishna
Belgaum
Panaji
Machilipatnam
Kurnool
GOA
Hubli
Bellary
ANDRHRA PRADESH
KARNATAKA
Davangere
Shimoga
Nellore
Western Ghats
Eastern Ghats
Mangalore
Bangalore
Vellore
Madras
Kanchipuram
Mysore
TAMIL NADU
Calicut
Salem
Cuddalore
Coimbatore
Erode
Kumbakonam
KERALA
Anai Mudi 2695 m
Tiruchchirappalli
Cochin
Madurai
Alleppey
Quilon
Tuticorin
Trivandrum
Nagercoil
Malabarküste
Koromandelküste
Lakkadiven
SRI LANKA
Colombo
Indischer Ozean
N

Der besondere Reiz der Altstadt von Jaipur liegt darin, dass es fast keine modernen Bauten gibt. Beim Bummel durch die noch vollständig von Mauern umgebenen Gassen kann man immer wieder neue reizvolle Details entdecken.

Impressum

Bildnachweis
Thomas Dix:
Schutzumschlag vorne, S. 5, 6/7, 8/9, 10/11, 12/13, 20/21, 24/25, 26/27, 38 unten, 39, 40/41 (4 Abb.), 42 links, 42 oben rechts, 43 oben Mitte, 43 unten rechts, 44/45 (4Abb.), 46/47, 48/49 (3 Abb.), 54/55 (3 Abb.), 56/57 (6 Abb.), 58 links, 62/63, 64/65 (2 Abb.), 66/67 (6 Abb.), 68/69 (4 Abb.), 70/71 Mitte oben, 70/71 Mitte unten, 70 rechts, 71 rechts oben, 72/73 Mitte, 72 links oben, 72 links unten, 74/75, 76/77 (4 Abb.), 78/79 (6 Abb.), 80/81 (5 Abb.), 82/83 (3 Abb.), 84 oben, 86/87 (2 Abb.), 88/89 (4 Abb.), 90/91 (2 Abb.), 92/93 (3 Abb.), 94/95, 96/97 (3 Abb.), 100 links unten, 101 links Mitte, 101 unten links, 102/103 (4 Abb.), 110/111 (4 Abb.), 117 Mitte, 117 rechts, 124, Schutzumschlag hinten.

Walter Herdrich:
S. 85 links oben, 85 rechts unten, 101 rechts oben, 101 unten rechts, 116 links.

Andreas Köber:
S. 14/15, 16/17, 18/19, 22/23, 28/29 (3 Abb.), 30/31 (6 Abb.), 32/33 (5 Abb.), 34/35, 36/37 (5 Abb.), 38 oben, 42/43 unten Mitte, 43 oben links, 43 oben rechts, 50/51 (3 Abb.), 52/53, 58/59 Mitte, 58 rechts oben, 58 rechts unten, 59 rechts, 60/61 (3 Abb.), 71 rechts unten, 84 unten, 85 rechts oben, 85 rechts Mitte, 98/99 (4 Abb.), 100/101 Mitte, 104/105 (4 Abb.), 106/107 (2 Abb.), 108/109 (3 Abb.), 112/113, 114/115 (4 Abb.), 116/117 Mitte, 118/119 (4 Abb.), 120/121 (4 Abb.).

Buchgestaltung
hoyerdesign grafik gmbh, Freiburg

Karte
Fischer Kartografie, Aichach

Printed in Germany
Repro: Artilitho, Trento, Italien
Druck/Verarbeitung: Offizin Andersen Nexö, Leipzig

ISBN 3-8003-1674-9

Stürtz